DR. GOLDMANN

DER DIPLOMATEN-PASS

So erhalten Sie Titel und Immunität

Ebozon Verlag

Buch

Es gibt viele Gerüchte, Unwahrheiten und Fehlinformationen über dieses sagenumwobene Dokument.

In diesem Werk erfahren Sie die volle Wahrheit über den Diplomaten-Pass sowie über diplomatische Positionen als auch über den Titel und Posten eines Konsuls bzw. Honorarkonsuls.

Das obskure Objekt der Begierde hat einen blauen Einband. In der Mitte, gravitätisch, der Bundesadler. Darunter, in goldenen Großbuchstaben, das Wort, das den Unterschied macht. Das staatliche Elite vom Wahlvolk trennt, Privilegierte von Normalos. Das nach exklusiven Reisen und Kamingesprächen klingt: DIPLOMATENPASS.

Auch der ehemalige Abgeordnete Sebastian Edathy hatte einen. Das war niemandem so recht bewusst, bis der Sozialdemokrat im Ausland abtauchte. Plötzlich war sein Diplomatenpass in den Schlagzeilen - Edathy hatte ihn nicht abgeliefert, als er am 7. Februar von seinem Mandat zurückgetreten war. Nutzte er ihn, um unbehelligt zu reisen? Erst am 12. März erreichte ein Einschreiben die Bundestagsverwaltung. Darin: Edathys Diplomatenpass.

Der Vorgang ist nur eine Fußnote des Skandals - erinnerte die Öffentlichkeit aber an den erstaunlichen Fakt, dass deutsche Bundestagsabgeordnete einen Diplomatenpass führen dürfen. Die Frage ist: Warum eigentlich? Wozu nutzt der Pass? Noch ein Goodie im First-Class-Paket für Abgeordnete - neben Fuhrpark, Bahncard 100 und steuerfreier Kostenpauschale?

Sie werden in diesem Werk ausführlich an dieses Thema herangeführt und Ihnen wird aufgezeigt, wie auch Sie in den Besitz eines solchen Passes kommen können und welche Voraussetzungen Sie hierfür erfüllen müssen.

Dr. Goldmann

Der Diplomaten-Pass

so erhalten Sie Titel und Immunität

Ebozon Verlag

Dieses Buch ist auch als eBook erhältlich.

Bibliografische Information der Deutschen Nationalbibliothek:
Die Deutsche Nationalbibliothek verzeichnet diese Publikation in der Deutschen Nationalbibliografie; detaillierte bibliografische Daten sind im Internet über http://dnb.dnb.de abrufbar.

Printausgabe 1. Auflage Juli 2016

ein Unternehmen der CONDURIS UG (haftungsbeschränkt)
www.ebozon-verlag.com

Umschlaggestaltung: media designer 24
Umschlaggrafik: www.depositphotos.com Nr. 73452093
Layout / Satz: Ebozon Verlag
Druck: KN Digital Printforce GmbH
Ferdinand-Jühlke-Straße 7, 99095 Erfurt

ISBN: 978-3-95963-253-9

Inhaltsverzeichnis

1 | DER DIPLOMATEN – PASS

DER DIPLOMATENSTATUS

Die Beziehungen zwischen verschiedenen Staaten werden durch schriftliche Vereinbarungen und unausgesprochene Regeln bestimmt. Die diplomatischen Beziehungen und deren Regeln und Vorschriften wurden 1961 im Wiener Übereinkommen über Diplomatische Beziehungen festgehalten. Verbindlich ist die Konvention allerdings nur für jene Staaten, deren Repräsentanten die Vereinbarung unterzeichnet haben.

Das Errichten einer Botschaft bedingt eine so genannte »Akkreditierung«, eine Erlaubnis seitens des jeweiligen Staates. Mit der offiziellen Akkreditierung wird dem Personal und den Gebäuden gleichzeitig der Diplomaten-Status verliehen: das Gebäude samt Grundstück werden zu einer Insel bzw. zu einem kleinen Staat im Staat. Nach den Wiener Regeln unterteilt sich das Botschaftspersonal in drei Klassen. Zur ersten Klasse gehören:

- Botschafter
- Minister

- Gesandte
- Chargé d'Affaires

Zur zweiten Klasse gehören die Mitglieder des Botschaftsstabes (Kofferträger, Referenten, Sekretäre o. Ä.). Auch diesen wird die volle diplomatische Immunität gewährt. Die dritte Klasse ist das Personal (Bodyguards, Butler, Fahrer usw.). Hier gibt es eine begrenzte Immunität, die sich nur auf die Arbeitszeit beschränkt.

DER DIPLOMATENPASS

Es gibt drei Arten von Pässen

1. Diplomatenpass
2. Dienstausweis
3. Normaler Pass

Staaten mit einem ernst zu nehmenden, anerkannten Corps stellen in der Regel nur Diplomaten-Pässe an Botschaftsangehörige, die direkt zum Corps gehören, aus. Eine Sekretärin kann durchaus einen Diplomatenpass erhalten, während ein gewöhnlicher Fahrer nur einen Dienstausweis erhält. Benötigen die Botschaftsangehörigen und -angestellten aufgrund einer politischen Situation einen besonderen Schutz, z.B. vor der Willkür des Behördenapparates im Empfängerland, kann natürlich auch dem Gärtner ein Diplomatenpass ausgestellt werden. Der Status kann bei unehrenhaftem Verhalten entzogen werden. Auch ein Gerücht reicht schon (denken Sie an die Story des Schweizer Botschafters in Berlin). Eine »Persona non grata« ist eine Person, die im diplomatischen Dienst unerwünscht ist.

Vorteile eines Diplomatenpasses

Die Vorteile ergeben sich zum einen aus der Festlegung der Begrifflichkeit der Immunität, zum anderen aus der Exklusivität.

Immunität

So kann es bei einer von der Polizei durchgeführten Kontrolle schon hilfreich sein, wenn man einen Diplomatenpass vorweisen kann, um behaupten zu können, dass das Auto – in dem Sie angetrunken sitzen – ein Hoheitsgebiet sei. Ferner sind Sie sicher vor Durchsuchungen Ihres Gepäcks am Flughafen, auch vor Hausdurchsuchungen.

Prestige

Wenn Sie die Wahl zwischen einem Porsche und einem Diplomatenpass haben, nehmen Sie den Porsche. Wenn Sie den Porsche ohnehin schon fahren, ist ein Diplomatenpass die Krönung. Exotik verführt und man wird sich fragen, was sich hinter Ihnen wirklich verbirgt. Sie vermitteln den Eindruck des Weltmannes, der internationale Beziehungen besitzt. Wissen Sie es geschickt einzusetzen, können Sie Ihren neuen Pass auch geschäftlich nutzen.

Schutz

Natürlich können Sie mit Ihrem Diplomatenpass genauso wie mit einem normalen Reisepass reisen. Besonders bezahlt macht sich das Dokument aber in Staaten, in denen entweder Geld (sprich: Korruption) oder Obrigkeitshörigkeit alles ist. Hier kann Sie das Dokument vor Willkür bewahren. Als Diplomat wird man in Ihnen einen „Übermenschen" sehen. Keiner wird sich mit Ihnen anlegen, denn Sie haben großen Einfluss.

Die Erlangung eines Diplomatenpasses

Wenn Sie einen Diplomatenpass, den Diplomaten-Status, ein Konsulat oder den »Lettre de Chancellerie« erlangen wollen, sind Sie auf die Zusammenarbeit mit einem Repräsentanten eines fremden Staates angewiesen. Aber wie erhalten Sie einen Pass, ohne dem Botschafteralltag zu frönen, ohne sich offiziell beim Auswärtigen Amt zu bewerben?

Der offizielle Weg

Werden Sie »Diplomat ad hoc« – ein »Situationsdiplomat«.

Nehmen wir an, dass irgendwo eine multinationale Konferenz abgehalten wird. Thema: Die Verschuldung der Dritten Welt und die allgemeine Wirtschaftslage. Alle beteiligten Staaten schicken Delegierte auf diese Konferenz. Einige davon sind sicher Diplomaten. Da es sich um ein Finanzprojekt handelt, ist es aber auch durchaus denkbar, dass ein Mitglied der Delegation ein Bankier ist. Dieser erhält für diese Zeit den »Diplomatenstatus ad hoc«.

Der »Diplomat ad hoc« genießt also die volle diplomatische Immunität, ohne von irgendeiner Regierung als Diplomat akkreditiert worden zu sein. Seine Berufung hängt von der jeweiligen Situation und seiner Aufgabe ab.

Andere Wege

Sollte Ihnen der vorab genannte Weg zu offiziell oder zu unrealistisch erscheinen, nenne ich Ihnen im Folgenden vier Alternativen.

1. Sie kaufen den Pass von einem Vermittler. Seriöse Vermittler haben es nicht nötig, in der Tagespresse zu inserieren, sie verkaufen durch Mundpropaganda. Die Preise liegen zwischen 50.000 und 150.000 Euro. Natürlich ist dieses Vorgehen illegal.
2. Der Außenminister stellt Ihnen das Dokument aus. Vielleicht versuchen Sie es mit einem kleinen Geschenk (ein kleiner Porsche oder so) für den „Genscher von Nepal". Arme gemäßigte

Diktaturen sind für diesen Zweck günstiger als Demokratien. Natürlich ist dieses Vorgehen ebenfalls illegal.

3. Sie lassen sich von einem willigen Staat zum Konsul ernennen. Aufgrund dieses Verdienstes wird man Ihnen unter Umständen auch den Diplomatenpass einer europäischen Nation ausstellen. Fragen Sie bei den Botschaften an. Geld darf dabei natürlich keines fließen.
4. Sie besorgen sich einen »Lettre de Chancellerie«, die Bestätigung eines Konsulates oder einer Botschaft, die belegt, dass Sie im Auftrag der jeweiligen Regierung handeln. So könnte Ihnen z.B. die Botschaft von Myanmar die Bestätigung ausstellen, dass Sie den Auftrag haben, die deutsche Bevölkerung dazu zu bewegen, anstatt Currywurst mit Pommes diese nur noch mit Reis zu essen.

Anerkennung des Diplomatenpasses

Wenn Sie einen Diplomatenpass einer europäischen Nation oder eines anderen entwickelten Staates in der Hand halten, brauchen Sie sich nicht den Kopf zu zerbrechen. Ihr Dokument hat überall seine Wirkung, auch wenn Sie sich mal nicht im Dienst befinden. Sie können überall hin-reisen, auch in Nationen, die mit dem Staat, dessen Diplomat Sie sind, keine Beziehungen haben.

Probleme kann es geben, wenn es sich um einen diplomatischen Pass eines Staates handelt, der nur von einem einzigen Staat anerkannt wird – z.B. Venda. Dieser Landstrich wird nur von Südafrika als autonomer Staat anerkannt. Taiwan hat ähnliche Probleme. Nur ca. zwanzig Staaten erkennen Taiwan als souveränen Staat an.

Wo bekomme ich am leichtesten einen Diplomatenpass?

In dieser Rubrik möchte ich Sie mit den diplomatischen Gepflogenheiten vertraut machen und Ihnen aufzeigen, wie man Diplomat wird. Dass nicht jedermann in jedem Staat Diplomat werden kann, ist klar. Es ist daher notwendig, bestimmte Staaten mit ähnlichen Anforderungsstrukturen in Gruppen zusammenzufassen. Je nach Ihrem eigenen Profil, sprich »Human Capital«, also Ihrer persönlichen Ausstattung mit Bildung und Ihrem anderen Kapital, müssen Sie die Entscheidung selber treffen. Ich habe Ihnen hier die Staaten in 9 Blöcke eingeteilt:

Block 1

Diese Staaten können Sie eigentlich gleich wieder vergessen, denn hier gibt es keinen Weg, das zu bekommen, was Sie wünschen. Zu dieser Gruppe gehören: Afghanistan, Algerien, Angola, Bulgarien, Volksrepublik China, Kuba, Iran, Libyen, Rumänien, Russland, Ukraine, Vietnam, Nordkorea und Zimbabwe.

Block 2

Diese sind de jure unabhängige Staaten, und sie sind normalerweise auch offen für jede Art von Geschäften. Die „auswärtigen" Angelegenheiten werden jedoch von anderen Nationen übernommen. Es ist theoretisch zwar möglich, durch diese Staaten in den diplomatischen Status erhoben zu werden, aber in der Realität ist das eher ungewöhnlich. Zu diesen Staaten gehören: Andorra, Bhutan und Liechtenstein.

Block3

Diese de jure unabhängigen Staaten sind de facto sehr abhängig von anderen Staaten und deren Repräsentanten im Ausland. Es empfiehlt sich, die aktuelle politische Situation in den nachstehend angeführten Kleinstaaten näher zu untersuchen. Diese Staaten sind: Nauru, Palau, Mikronesien und die Marshall-Inseln.

Block 4

Diese Staaten sind durchaus in der Lage, Ihnen den Diplomaten-Status, den Diplomatenpass oder ein Konsulat zu übertragen. Sie wären aber verrückt, diese zu beantragen, wenn Sie kein ergebener Moslem sind. Ferner sollte der Regierungschef des entsprechenden Staates zu Ihren persönlichen Freunden gehören. Nebenbei müssten Sie den Staat auch noch politisch und finanziell unterstützen. Wenn Sie all diese Punkte erfüllen können, dann sollten Sie die folgende Liste genauer betrachten: Bahrain, Komoren, Ägypten, Kuwait, Malediven, Oman, Katar, Saudi-Arabien, Syrien, VAE, Jemen.

Block 5

Diese Staaten ernennen Sie gerne zum Diplomaten, allerdings nur, wenn Sie von einer einflussreichen Unternehmensgruppe unterstützt werden und dieses Geld natürlich im entsprechenden Staat verbleibt. Außerdem wäre es ratsam, einen ortsansässigen Rechtsanwalt zu konsultieren und ihn mit der Aufgabe zu betrauen, die nötigen Arrangements zu treffen. Zu diesen Staaten gehören: Argentinien, Bolivien, Brasilien, Chile, Kolumbien, Costa Rica, Dominikanische Republik, Ecuador, El Salvador, Guatemala, Haiti, Honduras, Mexiko, Panama, Paraguay, Peru, Uruguay, Venezuela und die „neuen" Oststaaten.

Block 6

Hier handelt es sich um „einwandfreie" Staaten. Traditionell vergibt der Außenminister Konsulate. Allerdings umsonst und nur an Personen, die sich bereits im öffentlichen Leben oder in der Wirtschaft sehr verdient gemacht haben. So z.B. an Unternehmer, die einen Großteil ihrer Geschäfte in dem entsprechenden Staat abwickeln. Wenn Sie glauben, dass Sie diese Voraussetzung erfüllen, empfiehlt sich ein Besuch bei dem akkreditierten Botschafter in Berlin oder in Wien. Wenn dann noch keine diplomatische Vertretung in Ihrer Umgebung zu finden ist, kann der Botschafter unter Umständen Interesse zeigen. Wenn Sie z.B. ein Privatbankier in Port Vila, der Hauptstadt von Vanuatu, sind, dürfte es leicht sein, diese Gespräche erfolgreich führen zu können. Sie könnten dann ein Konsulat des entsprechenden Landes auf Vanuatu übernehmen. Fast alle europäischen Staaten (auch Dänemark, Norwegen, Schweden, Island, Finnland, Österreich, Belgien und Griechenland) und alle größeren Hauptstädte in den USA sind mit Konsulaten ausgestattet. Dänemark bietet hierbei eine Besonderheit: So gestattet es auch Ausländern, eine dänische Vertretung an entsprechenden Orten zu übernehmen. Bleiben wir bei Vanuatu, was heißen würde, dass Sie als Konsul von Dänemark Ihr Konsulat auf Vanuatu eröffnen dürfen.

Block 7

Die hier angeführten Staaten sind bekannt dafür, dass sie für Geld alles verkaufen, auch Regierungsdokumente, Diplomaten-Pässe, Berufung zum Konsul usw. Sie können hier jede Art von Unterstützung anbringen. Vielleicht liefern Sie ja neue Autos für den Regierungspräsidenten, eine Computeranlage für das Rathaus oder Sie geben einfach nur Bargeld her. Es ist aber besser, wenn Sie einen ortsansässigen Rechtsanwalt kontaktieren, der für Sie ein „Bittschreiben" an den Regierungschef richtet. Zu dieser Gruppe zählen: Bangladesch, Kamerun, Ghana, Guinea, Malawi, Niger, Liberia, Senegal, Sierra Leone, Sudan und Togo.

Block 8

Diese Staaten gehören zu den ärmsten der Welt. Das Bruttosozialprodukt pro Kopf liegt bei weniger als 300 Dollar. Während für uns ein paar Tausend Dollar in Europa so gut wie gar nichts sind, ist das für diese Staaten ein Riesenvermögen. Alles was Sie tun müssen, ist, den Botschafter oder einen anderen Vertreter dieser Staaten zu konsultieren. Wenn es um größere Summen geht, sind diese Herren gerne bereit, mit Ihnen „Verkaufsgespräche" zu führen. Benin: Offiziell ist Benin ein marxistisch-leninistischer Staat. Allerdings hat das politische System – sofern man bei Diktatur, Brutalität und Korruption noch von System sprechen kann – sehr wenig mit den Ideen von Lenin oder Marx zu tun. Der Kommunismus wird hier als das uneingeschränkte Recht des Herrschers interpretiert. Es wird das getan, was der Herrscher für richtig hält. Des Weiteren Myanmar: Myanmar ist ein sozialistischer Staat. Ideologien lassen sich immer besser verkaufen als Wahrheiten. Die Wahrheit ist, dass sich das ganze Geschäft auf dem schwarzen Markt – oder besser, auf freiem Markt – abspielt. Die festgesetzten Preise und Abgabemengen der sozialistischen Möchtegern-Führer werden hier genauso kontrolliert wie die Geschwindigkeitsregelungen auf bundesdeutschen Autobahnen. Äquatorial Guinea: Das jetzige Regime wird sicher froh darüber sein, einen Europäer oder US-Amerikaner zum Diplomaten berufen zu dürfen. Besonders, wenn es dafür die obigen Dollar als „Kostenersatz" gibt.

Block 9

Diese Staaten sind zwar sehr seriös, aber extrem arm, und sie haben eine Reihe von unlösbaren Schwierigkeiten. Die Repräsentanten dieser Staaten werden Ihnen kaum irgendein Dokument verkaufen. Aber wenn Sie ihnen klar machen, dass Sie versuchen, ein Problem zu lösen oder aus der Welt zu schaffen (vielleicht durch Ihren Einfluss, vielleicht durch Ihr Geld), steht Ihrem Diplomaten-Status nichts mehr im Wege. Vor allem, wenn Sie mit internationalen Waren handeln, die für diese Staaten einen sehr hohen Stellenwert haben, z.B. Landmaschinen, Autos, Computer. Laden Sie doch einfach den Minister oder einen anderen hochrangigen Repräsentanten zum Essen ein und erklären Sie ihm, dass Sie den Staat finanziell oder mit der Lieferung von Waren unterstützen wollen. Wenn Sie denken, dass das äußerst kompliziert wäre und dass Sie diplomatisch oder gar mit deutscher Zurückhaltung vorgehen müssten, haben Sie sich geirrt. Sie werden sich wundern, wie offen und freimütig sich mit den Ministern und Repräsentanten verhandeln lässt.

Da diese Staaten nur eine begrenzte Repräsentation im Ausland haben und auch fernab von allen Wirtschaftszentren liegen, wird es Ihnen nicht schwer fallen, als Europäer einen Termin zu bekommen. Man wird froh sein, wieder etwas „Neues" von Ihnen zu hören. Zu diesen Staaten gehören: Cap Verde, Djibouti, Nepal, Sao Tome e Principe (2 Inseln im Golf von Guinea, Hauptstadt: Sao Tome), Vanuatu.

DAS DIPLOMATISCHE KFZ KENNZEICHEN

Diplomaten-Kennzeichen

Kennzeichen für Diplomaten

Diplomatenkennzeichen für ausländische Missionen werden vergeben an:

- Leiter ausländischer diplomatischer Missionen (Botschafter)

- Mitglieder des diplomatischen Personals (Funktionäre in Positionen ähnlich denen des deutschen "höheren Dienstes")
- Familienangehörige dieser Berechtigungsgruppen, die im selben Haushalt leben, keine deutsche Staatsangehörigkeit besitzen und keine nicht-diplomatische berufliche Tätigkeit ausüben.

Ein Fahrzeug mit diesem Kennzeichen darf nur den o.g. Personen gefahren werden. Es gibt allerdings Ausnahmen: Mitarbeiter des Fahrdienstes einer Botschaft beispielsweise dürfen diese Fahrzeuge fahren (sie selbst gehören meist zum technischen oder Verwaltungspersonal, oder sind gar deutsche Staatsangehörige ohne jeglichen Sonderstatus).

Das Kennzeichen besagt folgendes:

- Dieses Fahrzeug wird geführt von einer Person, die in Deutschland besondere Rechte und Immunitäten genießt.
- Diese Person ist von der deutschen Gerichtsbarkeit (u.U. nur teilweise) entbunden.

- Den Insassen dieses Fahrzeugs ist nötigenfalls bevorzugt Schutz und Hilfe zu gewähren.
- Diesem Fahrzeug ist bei Sicherheitsabsperrungen Durchlass zu gewähren.
- Für dieses Fahrzeug entfallen keine Steuern wie Einfuhrsteuer und Mehrwertsteuer. Sollte das Fahrzeug je an einen nicht-diplomatischen Halter veräußert werden, so ist die Einfuhr- bzw. Mehrwertsteuer zu diesem Zeitpunkt zu entrichten. (Steuernachzahlungen können sogar erhoben werden, wenn das Fahrzeug gestohlen wurde und damit aus dem diplomatischen Dienst ausscheidet!)

DAS WIENER ÜBEREINKOMMEN ÜBER DIPLOMATISCHE BEZIEHUNGEN 1961

veröffentlicht im Bundesgesetzblatt Jahrgang 1964 Teil II Nr. 38, Seite 959 ff.,
ausgegeben zu Bonn am 13. August 1964

Wiener Übereinkommen
vom 18. April 1961 über diplomatische Beziehungen

DIE VERTRAGSSTAATEN DES ÜBEREINKOMMENS -
EINGEDENK DESSEN, dass die Völker aller Staaten von alters her die besondere Stellung des Diplomaten anerkannt haben,
IN ANBETRACHT der in der Charta der Vereinten Nationen verkündeten Ziele und Grundsätze in Bezug auf die souveräne Gleichheit der Staaten, die Wahrung des Weltfriedens und der internationalen Sicherheit und auf die Förderung freundschaftlicher Beziehungen zwischen den Nationen,
ÜBERZEUGT, dass ein internationales Übereinkommen über den diplomatischen Verkehr, diplomatische Vorrechte und Immunitäten geeignet ist, ungeachtet der unterschiedlichen Verfassungs- und Sozialordnungen der Nationen zur Entwicklung freundschaftlicher Beziehungen zwischen ihnen beizutragen,
IN DER ERKENNTNIS, dass diese Vorrechte und Immunitäten nicht dem Zweck dienen, einzelne zu bevorzugen, sondern zum Ziel haben, den diplomatischen Missionen als Vertretungen von Staaten die wirksame Wahrnehmung ihrer Aufgaben zu gewährleisten,

UNTER BEKRÄFTIGUNG des Grundsatzes, dass die Regeln des Völkergewohnheitsrechts auch weiterhin für alle Fragen gelten sollen, die nicht ausdrücklich in diesem Übereinkommen geregelt sind -

HABEN FOLGENDES VEREINBART:

Artikel 1

Im Sinne dieses Übereinkommens haben die nachstehenden Ausdrücke folgende Bedeutung:

a) der Ausdruck "Missionschef" bezeichnet die Person, die vom Entsendestaat beauftragt ist, in dieser Eigenschaft tätig zu sein;

b) der Ausdruck "Mitglieder der Mission" bezeichnet den Missionschef und die Mitglieder des Personals der Mission;

c) der Ausdruck "Mitglieder des Personals der Mission" bezeichnet die Mitglieder des diplomatischen Personals, des Verwaltungs- und technischen Personals und des dienstlichen Hauspersonals der Mission;

d) der Ausdruck "Mitglieder des diplomatischen Personals" bezeichnet die in diplomatischem Rang stehenden Mitglieder des Personals der Mission;

e) der Ausdruck "Diplomat" bezeichnet den Missionschef und die Mitglieder des diplomatischen Personals der Mission;

f) der Ausdruck "Mitglieder des Verwaltungs- und technischen Personals" bezeichnet die im Verwaltungs- und technischen Dienst der Mission beschäftigten Mitglieder ihres Personals;

g) der Ausdruck "Mitglieder des dienstlichen Hauspersonals" bezeichnet die als Hausbedienstete bei der Mission beschäftigten Mitglieder des Personals;

h) der Ausdruck "privater Hausangestellter" bezeichnet eine im häuslichen Dienst eines Mitgliedes der Mission beschäftigte Person, die nicht Bediensteter des Entsendestaats ist;

i) der Ausdruck "Räumlichkeiten der Mission" bezeichnet ungeachtet der Eigentumsverhältnisse die Gebäude oder Gebäudeteile und dazugehörige Gelände, die für die Zwecke der Mission verwendet werden, einschließlich der Residenz des Missionschefs.

Artikel 2

Die Aufnahme diplomatischer Beziehungen zwischen Staaten und die Errichtung ständiger diplomatischer Missionen erfolgen in gegen-seitigem Einvernehmen.

Artikel 3

(1) Aufgabe einer diplomatischen Mission ist es unter anderem,

a) den Entsendestaat im Empfangsstaat zu vertreten,

b) die Interessen des Entsendestaats und seiner Angehörigen im Empfangsstaat innerhalb der völkerrechtlich zulässigen Grenzen zu schützen,

c) mit der Regierung des Empfangsstaats zu verhandeln,

d) sich mit allen rechtmäßigen Mitteln über Verhältnisse und Entwicklungen im Empfangsstaat zu unterrichten und darüber an die Regierung des Entsendestaats zu berichten,

e) freundschaftliche Beziehungen zwischen Entsendestaat und Empfangsstaat zu fördern und ihre wirtschaftlichen, kulturellen und wissenschaftlichen Beziehungen auszubauen.

(2) Dieses Übereinkommen ist nicht so auszulegen, als schließe es die Wahrnehmung konsularischer Aufgaben durch eine diplomatische Mission aus.

Artikel 4

(1) Der Entsendestaat hat sich zu vergewissern, dass die Person, die er als Missionschef bei dem Empfangsstaat zu beglaubigen beabsichtigt, dessen Agrément erhalten hat.

(2)Der Empfangsstaat ist nicht verpflichtet, dem Entsendestaat die Gründe für eine Verweigerung des Agréments mitzuteilen.

Artikel 5

(1) Der Entsendestaat kann nach einer Notifikation an die beteiligten Empfangsstaaten die Beglaubigung eines Missionschefs oder gegebenenfalls die Bestellung eines Mitglieds des diplomatischen Personals für mehrere Staaten vornehmen, es sei denn, dass einer der Empfangsstaaten ausdrücklich Einspruch erhebt.
(2) Beglaubigt der Entsendestaat einen Missionschef bei einem oder mehreren weiteren Staaten, so kann er in jedem Staat, in dem der Missionschef nicht seinen ständigen Sitz hat, eine diplomatische Mission unter der Leitung eines Geschäftsträgers *ad interim* errichten.
(3) Ein Missionschef oder ein Mitglied des diplomatischen Personals der Mission kann den Entsendestaat bei jeder internationalen Organisation vertreten.

Artikel 6

Mehrere Staaten können dieselbe Person bei einem anderen Staat als Missionschef beglaubigen, es sei denn, dass der Empfangsstaat Einspruch erheben

Artikel 7

Vorbehaltlich der Artikel 5, 8, 9 und 11 kann der Entsendestaat die Mitglieder des Personals seiner Mission nach freiem Ermessen ernennen. Bei Militär-, Marine- und Luftwaffenattachés kann der Empfangsstaat verlangen, dass ihm ihre Namen vorher zwecks Zustimmung mitgeteilt werden.

Artikel 8

(1) Die Mitglieder des diplomatischen Personals der Mission sollen grundsätzlich Angehörige des Entsendestaats sein.
(2) Angehörige des Empfangsstaats dürfen nur mit dessen Zustimmung zu Mitgliedern des diplomatischen Personals der Mission ernannt werden; die Zustimmung kann jederzeit widerrufen werden.

(3) Der Empfangsstaat kann sich das gleiche Recht in Bezug auf Angehörige eines dritten Staates vorbehalten, die nicht gleichzeitig Angehörige des Entsendestaats sind.

Artikel 9

(1) Der Empfangsstaat kann dem Entsendestaat jederzeit ohne Angabe von Gründen notifizieren, dass der Missionschef oder ein Mitglied des diplomatischen Personals der Mission persona non grata oder dass ein anderes Mitglied des Personals der Mission ihm nicht genehm ist. In diesen Fällen hat der Entsendestaat die betreffende Person entweder abzuberufen oder ihre Tätigkeit bei der Mission zu beenden. Eine Person kann als non grata oder nicht genehm erklärt werden, bevor sie im Hoheitsgebiet des Empfangsstaats eintrifft.

(2) Weigert sich der Entsendestaat oder unterlässt er es innerhalb einer angemessenen Frist, seinen Verpflichtungen auf Grund des Absatzes 1 nachzukommen, so kann der Empfangsstaat es ablehnen, die betreffende Person als Mitglied der Mission anzuerkennen.

Artikel 10

(1) Dem Ministerium für Auswärtige Angelegenheiten oder einem anderen in gegenseitigem Einvernehmen bestimmten Ministerium des Empfangsstaats ist folgendes zu notifizieren:

a) die Ernennung von Mitgliedern der Mission, ihre Ankunft und ihre endgültige Abreisereise oder die Beendigung ihrer dienstlichen Tätigkeit bei der Mission;

b) die Ankunft und die endgültige Abreise eines Familienangehörigen eines Mitglieds der Mission und gegebenenfalls die Tatsache, dass eine Person Familienangehöriger eines Mitglieds der Mission wird oder diese Eigenschaft verliert;

c) die Ankunft und die endgültige Abreise von privaten Hausangestellten, die bei den unter Buchstabe a bezeichneten Personen beschäftigt sind, und gegebenenfalls ihr Ausscheiden aus deren Dienst;

d) die Anstellung und die Entlassung von im Empfangsstaat ansässigen Personen als Mitglied der Mission oder als private Hausangestellte mit Anspruch auf Vorrechte und Immunitäten.

(2) Die Ankunft und die endgültige Abreise sind nach Möglichkeit im Voraus zu notifizieren.

Artikel 11

(1) Ist keine ausdrückliche Vereinbarung über den Personalbestand der Mission getroffen worden, so kann der Empfangsstaat verlangen, dass dieser Bestand in den Grenzen gehalten wird, die er in Anbetracht der bei ihm vorliegenden Umstände und Verhältnisse sowie der Bedürfnisse der betreffenden Mission für angemessen und normal hält.

(2) Der Empfangsstaat kann ferner innerhalb der gleichen Grenzen, aber ohne Diskriminierung, die Zulassung von Bediensteten einer bestimmten Kategorie ablehnen.

Artikel 12

Der Entsendestaat darf ohne vorherige ausdrückliche Zustimmung des Empfangsstaats keine zur Mission gehörenden Büros an anderen Orten als denjenigen einrichten, in denen die Mission selbst ihren Sitz hat.

Artikel 13

(1) Als Zeitpunkt des Amtsantritts des Missionschefs im Empfangsstaat gilt der Tag, an welchem er nach der im Empfangsstaat geübten und einheitlich anzuwendenden Praxis entweder sein Beglaubigungsschreiben überreicht hat oder aber dem Ministerium für Auswärtige Angelegenheiten oder einem anderen in gegenseitigem Einvernehmen bestimmten Ministerium des Empfangsstaats seine Ankunft notifiziert hat und diesem eine formgetreue Abschrift seines Beglaubigungsschreibens überreicht worden ist.

(2) Die Reihenfolge der Überreichung von Beglaubigungsschreiben oder von deren formgetreuen Abschriften richtet sich nach Tag und Zeit der Ankunft des Missionschefs.

Artikel 14

(1) Die Missionschefs sind in folgende drei Klassen eingeteilt:

a) die Klasse der Botschafter oder Nuntien, die bei Staatsoberhäuptern beglaubigt sind, und sonstiger in gleichem Rang stehender Missionschefs;

b) die Klasse der Gesandten, Minister und Internuntien, die bei Staatsoberhäuptern beglaubigt sind;

c) die Klasse der Geschäftsträger, die bei Außenministern beglaubigt sind.

(2) Abgesehen von Fragen der Rangfolge und der Etikette wird zwischen den Missionschefs kein Unterschied auf Grund ihrer Klasse gemacht.

Artikel 15

Die Staaten vereinbaren die Klasse, in welche ihre Missionschefs einzuordnen sind.

Artikel 16

(1) Innerhalb jeder Klasse richtet sich die Rangfolge der Missionschefs nach Tag und Zeit ihres Amtsantritts gemäß Artikel 13.

(2) Änderungen im Beglaubigungsschreiben des Missionschefs, die keine Änderung der Klasse bewirken, lassen die Rangfolge unberührt.

(3) Dieser Artikel lässt die Übung unberührt, die ein Empfangsstaat hinsichtlich des Vorrangs des Vertreters des Heiligen Stuhls angenommen hat oder künftig annimmt.

Artikel 17

Die Rangfolge der Mitglieder des diplomatischen Personals der Mission wird vom Missionschef dem Ministerium für Auswärtige Angelegenheiten oder dem anderen in gegenseitigem Einvernehmen bestimmten Ministerium notifiziert.

Artikel 18

Das in einem Staat beim Empfang von Missionschefs zu befolgende Verfahren muss für jede Klasse einheitlich sein.

Artikel 19

(1) Ist der Posten des Missionschefs unbesetzt oder ist der Missionschef außerstande, seine Aufgaben wahrzunehmen, so ist ein Geschäftsträger ad interim vorübergehend als Missionschef tätig. Den Namen des Geschäftsträgers ad interim notifiziert der Missionschef oder, wenn er dazu außerstande ist, das Ministerium für Auswärtige Angelegenheiten des Entsendestaats dem Ministerium für Auswärtige Angelegenheiten oder dem anderen in gegenseitigem Einvernehmen bestimmten Ministerium des Empfangsstaats.

(2) Ist kein Mitglied des diplomatischen Personals der Mission im Empfangsstaat anwesend, so kann der Entsendestaat mit Zustimmung des Empfangsstaats ein Mitglied des Verwaltungs- und technischen Personals mit der Leitung der laufenden Verwaltungsangelegenheiten der Mission beauftragen.

Artikel 20

Die Mission und ihr Chef sind berechtigt, die Flagge und das Hoheitszeichen des Entsendestaats an den Räumlichkeiten der Mission einschließlich der Residenz des Missionschefs und an dessen Beförderungsmitteln zu führen.

Artikel 21

(1) Der Empfangsstaat erleichtert nach Maßgabe seiner Rechtsvorschriften dem Entsendestaat den Erwerb der für dessen Mission in seinem Hoheitsgebiet benötigten Räumlichkeiten oder hilft ihm, sich auf andere Weise Räumlichkeiten zu beschaffen.

(2) Erforderlichenfalls hilft der Empfangsstaat ferner den Missionen bei der Beschaffung geeigneten Wohnraums für ihre Mitglieder.

Artikel 22

(1) Die Räumlichkeiten der Mission sind unverletzlich. Vertreter des Empfangsstaats dürfen sie nur mit Zustimmung des Missionschefs betreten.

(2) Der Empfangsstaat hat die besondere Pflicht, alle geeigneten Maßnahmen zu treffen, um die Räumlichkeiten der Mission vor jedem Eindringen und jeder Beschädigung zu schützen und um zu verhindern, dass der Friede der Mission gestört oder ihre Würde beeinträchtigt wird.

(3) Die Räumlichkeiten der Mission, ihre Einrichtung und die sonstigen darin befindlichen Gegenstände sowie die Beförderungsmittel der Mission genießen Immunität von jeder Durchsuchung, Beschlagnahme, Pfändung oder Vollstreckung.

Artikel 23

(1) Der Entsendestaat und der Missionschef sind hinsichtlich der in ihrem Eigentum stehenden und der von ihnen gemieteten bzw. ge-pachteten Räumlichkeiten der Mission von allen staatlichen, regionalen und kommunalen Steuern oder sonstigen Abgaben befreit, soweit diese nicht als Vergütung für bestimmte Dienstleistungen erhoben werden.

(2) Die in diesem Artikel vorgesehene Steuerbefreiung gilt nicht für Steuern und sonstige Abgaben, die nach den Rechtsvorschriften des Empfangsstaats von den Personen zu entrichten sind, die mit dem Entsendestaat oder dem Missionschef Verträge schließen.

Artikel 24

Die Archive und Schriftstücke der Mission sind jederzeit unverletzlich. wo immer sie sich befinden.

Artikel 25

Der Empfangsstaat gewährt der Mission jede Erleichterung zur Wahrnehmung ihrer Aufgaben.

Artikel 26

Vorbehaltlich seiner Gesetze und anderen Rechtsvorschriften über Zonen, deren Betreten aus Gründen der nationalen Sicherheit verboten oder geregelt ist, gewährleistet der Empfangsstaat allen Mitgliedern der Mission volle Bewegungs- und Reisefreiheit in seinem Hoheitsgebiet.

Artikel 27

(1) Der Empfangsstaat gestattet und schützt den freien Verkehr der Mission für alle amtlichen Zwecke. Die Mission kann sich im Verkehr mit der Regierung, den anderen Missionen und den Konsulaten des Entsendestaats, wo immer sie sich befinden, aller geeigneten Mittel einschließlich diplomatischer Kuriere und verschlüsselter Nachrichten bedienen. Das Errichten und Betreiben einer Funksendeanlage ist der Mission jedoch nur mit Zustimmung des Empfangsstaats gestattet.

(2) Die amtliche Korrespondenz der Mission ist unverletzlich. Als „amtliche Korrespondenz" gilt die gesamte Korrespondenz, welche die Mission und ihre Aufgaben betrifft.

(3) Das diplomatische Kuriergepäck darf weder geöffnet noch zurückgehalten werden.

(4) Gepäckstücke, die das diplomatische Kuriergepäck bilden, müssen äußerlich sichtbar als solches gekennzeichnet sein; sie dürfen nur diplomatische Schriftstücke oder für den amtlichen Gebrauch bestimmte Gegenstände enthalten.

(5) Der diplomatische Kurier muss ein amtliches Schriftstück mit sich führen, aus dem seine Stellung und die Anzahl der Gepäckstücke ersichtlich sind, die das diplomatische Kuriergepäck bilden; er wird vom Empfangsstaat bei der Wahrnehmung seiner Aufgaben geschützt. Er genießt persönliche Unverletzlichkeit und unterliegt keiner Festnahme oder Haft irgendwelcher Art.

(6) Der Entsendestaat oder die Mission kann diplomatische Kuriere ad hoc ernennen. Auch in diesen Fällen gilt Absatz 5;

jedoch finden die darin erwähnten Immunitäten keine Anwendung mehr, sobald der Kurier das ihm anvertraute diplomatische Kuriergepäck dem Empfänger ausgehändigt hat.

(7) Diplomatisches Kuriergepäck kann dem Kommandanten eines gewerblichen Luftfahrzeugs anvertraut werden, dessen Bestimmungsort ein zugelassener Einreiseflugplatz ist. Der Kommandant muss ein amtliches Schriftstück mit sich führen, aus dem die Anzahl der Gepäckstücke ersichtlich ist, die das Kuriergepäck bilden; er gilt jedoch nicht als diplomatischer Kurier. Die Mission kann eines ihrer Mitglieder entsenden, um das diplomatische Kuriergepäck unmittelbar und ungehindert von dem Kommandanten des Luftfahrzeugs entgegenzunehmen.

Artikel 28

Die Gebühren und Kosten, welche die Mission für Amtshandlungen erhebt, sind von allen Steuern und sonstigen Abgaben befreit.

Artikel 29

Die Person des Diplomaten ist unverletzlich. Er unterliegt keiner Festnahme oder Haft irgendwelcher Art.

Der Empfangsstaat behandelt ihn mit gebührender Achtung und trifft alle geeigneten Maßnahmen, um jeden Angriff auf seine Person, seine Freiheit oder seine Würde zu verhindern.

Artikel 30

(1) Die Privatwohnung des Diplomaten genießt dieselbe Unverletzlichkeit und denselben Schutz wie die Räumlichkeiten der Mission.

(2) Seine Papiere, seine Korrespondenz und - vorbehaltlich des Artikels 31 Abs. 3 - sein Vermögen sind ebenfalls unverletzlich.

Artikel 31

(1) Der Diplomat genießt Immunität von der Strafgerichtsbarkeit des Empfangsstaats. Ferner steht ihm Immunität von

dessen Zivil- und Verwaltungsgerichtsbarkeit zu; ausgenommen hiervon sind folgende Fälle:
a) dingliche Klagen in Bezug auf privates, im Hoheitsgebiet des Empfangsstaates gelegenes unbewegliches Vermögen, es sei denn, dass der Diplomat dieses im Auftrag des Entsendestaats für die Zwecke der Mission im Besitz hat;
b) Klagen in Nachlasssachen, in denen der Diplomat als Testamentsvollstrecker, Verwalter, Erbe oder Vermächtnisnehmer in privater Eigenschaft und nicht als Vertreter des Entsendestaats beteiligt ist;
c) Klagen im Zusammenhang mit einem freien Beruf oder einer gewerblichen Tätigkeit, die der Diplomat im Empfangsstaat neben seiner amtlichen Tätigkeit ausübt.
(2) Der Diplomat ist nicht verpflichtet, als Zeuge auszusagen.
(3) Gegen einen Diplomaten dürfen Vollstreckungsmaßnahmen nur in den in Absatz 1 Buchstaben a, b und c vorgesehenen Fällen und nur unter der Voraussetzung getroffen werden, dass sie durchführbar sind, ohne die Unverletzlichkeit seiner Person oder seiner Wohnung zu beeinträchtigen.
(4) Die Immunität des Diplomaten von der Gerichtsbarkeit des Empfangsstaats befreit ihn nicht von der Gerichtsbarkeit des Entsendestaats.

Artikel 32

(1) Auf die Immunität von der Gerichtsbarkeit, die einem Diplomaten oder nach Maßgabe des Artikels 37 einer anderen Person zusteht, kann der Entsendestaat verzichten.
(2) Der Verzicht muss stets ausdrücklich erklärt werden.
(3) Strengt ein Diplomat oder eine Person, die nach Maßgabe des Artikels 37 Immunität von der Gerichtsbarkeit genießt, ein Gerichts-verfahren an, so können sie sich in Bezug auf eine Widerklage, die mit der Hauptklage in unmittelbarem Zusammenhang steht, nicht auf die Immunität von der Gerichtsbarkeit berufen.

(4) Der Verzicht auf die Immunität von der Gerichtsbarkeit in einem Zivil- oder Verwaltungsgerichtsverfahren gilt nicht als Verzicht auf die Immunität von der Urteilsvollstreckung; hierfür ist ein besonderer Verzicht erforderlich.

Artikel 33

(1) Vorbehaltlich des Absatzes 3 ist ein Diplomat in Bezug auf seine Dienste für den Entsendestaat von den im Empfangsstaat geltenden Vorschriften über soziale Sicherheit befreit.

(2) Die in Absatz 1 vorgesehene Befreiung gilt auch für private Hausangestellte, die ausschließlich bei einem Diplomaten beschäftigt sind, sofern sie

a) weder Angehörige des Empfangsstaats noch in demselben ständig ansässig sind und

b) den im Entsendestaat oder in einem dritten Staat geltenden Vorschriften über soziale Sicherheit unterstehen.

(3) Beschäftigt ein Diplomat Personen, auf welche die in Absatz 2 vorgesehene Befreiung keine Anwendung findet, so hat er die Vorschriften über soziale Sicherheit zu beachten, die im Empfangsstaat für Arbeitgeber gelten.

(4) Die in den Absätzen 1 und 2 vorgesehene Befreiung schließt die freiwillige Beteiligung an dem System der sozialen Sicherheit des Empfangsstaates nicht aus, sofern dieser eine solche Beteiligung zulässt.

(5) Dieser Artikel lässt bereits geschlossene zwei- oder mehrseitige Übereinkünfte über soziale Sicherheit unberührt und steht dem künftigen Abschluss weiterer Übereinkünfte dieser Art nicht entgegen.

Artikel 34

Der Diplomat ist von allen staatlichen, regionalen und kommunalen Personal- und Realsteuern oder -abgaben befreit; ausgenommen hiervon sind

a) die normalerweise im Preis von Waren oder Dienstleistungen enthaltenen indirekten Steuern;

b) Steuern und sonstige Abgaben von privatem, im Hoheitsgebiet des Empfangsstaats gelegenem unbeweglichem Vermögen, es sei denn, dass der Diplomat es im Auftrag des Entsendestaats für die Zwecke der Mission im Besitz hat;
c) Erbschaftssteuern, die der Empfangsstaat erhebt, jedoch vorbehaltlich des Artikels 39 Abs. 4;
d) Steuern und sonstige Abgaben von privaten Einkünften, deren Quelle sich im Empfangsstaat befindet, sowie Vermögenssteuern von Kapitalanlagen in gewerblichen Unternehmen, die im Empfangsstaat gelegen sind;
e) Steuern, Gebühren und sonstige Abgaben, die als Vergütung für bestimmte Dienstleistungen erhoben werden;
f) Eintragungs-, Gerichts-, Beurkundungs-, Beglaubigungs-, Hypotheken- und Stempelgebühren in Bezug auf unbewegliches Vermögen, jedoch vorbehaltlich des Artikels 23.

Artikel 35

Der Empfangsstaat befreit Diplomaten von allen persönlichen Dienstleistungen, von allen öffentlichen Dienstleistungen jeder Art und von militärischen Auflagen wie zum Beispiel Beschlagnahmen, Kontributionen und Einquartierungen.

Artikel 36

(1) Nach Maßgabe seiner geltenden Gesetze und anderen Rechtsvorschriften gestattet der Empfangsstaat die Einfuhr der nachstehend genannten Gegenstände und befreit sie von allen Zöllen, Steuern und ähnlichen Abgaben mit Ausnahme von Gebühren für Einlagerung, Beförderung und ähnliche Dienstleistungen:
a) Gegenstände für den amtlichen Gebrauch der Mission;
b) Gegenstände für den persönlichen Gebrauch des Diplomaten oder eines zu seinem Haushalt gehörenden Familienmitglieds, einschließlich der für seine Einrichtung vorgesehenen Gegenstände.

(2) Der Diplomat genießt Befreiung von der Kontrolle seines persönlichen Gepäcks, sofern nicht triftige Gründe für die Vermutung vor-liegen, dass es Gegenstände enthält, für welche die in Absatz 1 erwähnten Befreiungen nicht gelten oder deren Ein- oder Ausfuhr nach dem Recht des Empfangsstaats verboten oder durch Quarantänevorschriften geregelt ist. In solchen Fällen darf die Kontrolle nur in Anwesenheit des Diplomaten oder seines ermächtigten Vertreters stattfinden.

Artikel 37

(1) Die zum Haushalt eines Diplomaten gehörenden Familienmitglieder genießen, wenn sie nicht Angehörige des Empfangsstaats sind, die in den Artikeln 29 bis 36 bezeichneten Vorrechte und Immunitäten.

(2) Mitglieder des Verwaltungs- und technischen Personals der Mission und die zu ihrem Haushalt gehörenden Familienmitglieder genießen, wenn sie weder Angehörige des Empfangsstaats noch in demselben ständig ansässig sind, die in den Artikeln 29 bis 35 bezeichneten Vorrechte und Immunitäten; jedoch sind ihre nicht in Ausübung ihrer dienstlichen Tätigkeit vorgenommenen Handlungen von der in Artikel 31 Abs. 1 bezeichneten Immunität von der Zivil- und Verwaltungsgerichtsbarkeit des Empfangsstaats ausgeschlossen. Sie genießen ferner die in Artikel 36 Abs. 1 bezeichneten Vorrechte in Bezug auf Gegenstände, die anlässlich ihrer Ersteinrichtung eingeführt werden.

(3) Mitglieder des dienstlichen Hauspersonals der Mission, die weder Angehörige des Empfangsstaats noch in demselben ständig an-sässig sind, genießen Immunität in Bezug auf ihre in Ausübung ihrer dienstlichen Tätigkeit vorgenommenen Handlungen, Befreiung von Steuern und sonstigen Abgaben auf ihre Dienstbezüge sowie die in Artikel 33 vorgesehene Befreiung.

(4) Private Hausangestellte von Mitgliedern der Mission genießen, wenn sie weder Angehörige des Empfangsstaats noch in demselben ständig ansässig sind, Befreiung von Steuern und sonstigen Abgaben auf die Bezüge, die sie auf Grund ihres Arbeitsverhältnisses erhalten. Im Übrigen stehen ihnen Vorrechte und Immunitäten nur in dem vom Empfangsstaat zugelassenen Umfang zu. Der Empfangsstaat darf jedoch seine Hoheitsgewalt über diese Personen nur so ausüben, dass er die Mission bei der Wahrnehmung ihrer Aufgaben nicht ungebührlich behindert.

Artikel 38

(1) Soweit der Empfangsstaat nicht zusätzliche Vorrechte und Immunitäten gewährt, genießt ein Diplomat, der Angehöriger dieses Staates oder in dem-selben ständig ansässig Ist, Immunität von der Gerichtsbarkeit und Unverletzlichkeit lediglich in Bezug auf seine in Ausübung seiner dienstlichen Tätigkeit vorgenommenen Amtshandlungen.

(2) Anderen Mitgliedern des Personals der Mission und privaten Hausangestellten, die Angehörige des Empfangsstaats oder in demselben ständig ansässig sind, stehen Vorrechte und Immunitäten nur in dem vom Empfangsstaat zugelassenen Umfang zu. Der Empfangsstaat darf jedoch seine Hoheitsgewalt über diese Personen nur so ausüben, dass er die Mission bei der Wahrnehmung ihrer Aufgaben nicht ungebührlich behindert.

Artikel 39

(1) Die Vorrechte und Immunitäten stehen den Berechtigten von dem Zeitpunkt an zu, in dem sie in das Hoheitsgebiet des Empfangsstaats einreisen, um dort ihren Posten anzutreten, oder, wenn sie sich bereits in diesem Hoheitsgebiet befinden, von dem Zeitpunkt an, in dem ihre Ernennung dem Ministerium für Auswärtige Angelegenheiten oder dem anderen in

gegenseitigem Einvernehmen bestimmten Ministerium notifiziert wird.

(2) Die Vorrechte und Immunitäten einer Person, deren dienstliche Tätigkeit beendet ist, werden normalerweise im Zeitpunkt der Ausreise oder aber des Ablaufs einer hierfür gewährten angemessenen Frist hinfällig; bis zu diesem Zeitpunkt bleiben sie bestehen, und zwar auch im Fall eines bewaffneten Konflikts. In Bezug auf die von der betreffenden Person in Ausübung ihrer dienstlichen Tätigkeit als Mitglied der Mission vorgenommenen Handlungen bleibt jedoch die Immunität auch weiterhin bestehen.

(3) Stirbt ein Mitglied der Mission, so genießen seine Familienangehörigen bis zum Ablauf einer angemessenen Frist für ihre Ausreise weiterhin die ihnen zustehenden Vorrechte und Immunitäten.

(4) Stirbt ein Mitglied der Mission, das weder Angehöriger des Empfangsstaats noch in demselben ständig ansässig ist, oder stirbt ein zu seinem Haushalt gehörendes Familienmitglied, so gestattet der Empfangsstaat die Ausfuhr des beweglichen Vermögens des Verstorbenen mit Ausnahme von im Inland erworbenen Vermögensgegenständen, deren Ausfuhr im Zeitpunkt des Todesfalles verboten war. Von beweglichem Vermögen, das sich nur deshalb im Empfangsstaat befindet, weil sich der Verstorbene als Mitglied der Mission oder als Familienangehöriger eines solchen in diesem Staat aufhielt, dürfen keine Erbschaftssteuern erhoben werden.

Artikel 40

(1) Reist ein Diplomat, um sein Amt anzutreten oder um auf seinen Posten oder in seinen Heimatstaat zurückzukehren, durch das Hoheitsgebiet eines dritten Staates oder befindet er sich im Hoheitsgebiet dieses Staates, der erforderlichenfalls seinen Pass mit einem Sichtvermerk versehen hat, so gewährt ihm dieser Staat Unverletzlichkeit und alle sonstigen für seine

sichere Durchreise oder Rückkehr erforderlichen Immunitäten. Das gleiche gilt, wenn Familienangehörige des Diplomaten, denen Vorrechte und Immunitäten zustehen, ihn begleiten oder wenn sie getrennt von ihm reisen, um sich zu ihm zu begeben oder in ihren Heimatstaat zurückzukehren.

(2) Unter den Voraussetzungen des Absatzes 1 dürfen dritte Staaten auch die Reise von Mitgliedern des Verwaltungs- und technischen Personals und des dienstlichen Hauspersonals einer Mission sowie ihrer Familienangehörigen durch ihr Hoheitsgebiet nicht behindern.

(3) Dritte Staaten gewähren in Bezug auf die amtliche Korrespondenz und sonstige amtliche Mitteilungen im Durchgangsverkehr, einschließlich verschlüsselter Nachrichten, die gleiche Freiheit und den gleichen Schutz wie der Empfangsstaat. Diplomatischen Kurieren, deren Pass erforderlichenfalls mit einem Sichtvermerk versehen wurde, und dem diplomatischen Kuriergepäck im Durchgangsverkehr gewähren sie die gleiche Unverletzlichkeit und den gleichen Schutz, die der Empfangsstaat zu gewähren verpflichtet ist.

(4) Die Verpflichtungen dritter Staaten auf Grund der Absätze 1, 2 und 3 gelten gegenüber den in jenen Absätzen bezeichneten Personen sowie in Bezug auf amtliche Mitteilungen und das diplomatische Kuriergepäck auch dann, wenn diese sich infolge höherer Gewalt im Hoheitsgebiet des dritten Staates befinden.

Artikel 41

(1) Alle Personen, die Vorrechte und Immunitäten genießen, sind unbeschadet derselben verpflichtet, die Gesetze und andere Rechtsvorschriften des Empfangsstaats zu beachten. Sie sind ferner verpflichtet, sich nicht in dessen innere Angelegenheiten einzumischen.

(2) Alle Amtsgeschäfte mit dem Empfangsstaat, mit deren Wahrnehmung der Entsendestaat die Mission beauftragt, sind

mit dem Ministerium für Auswärtige Angelegenheiten oder dem anderen in gegenseitigem Einvernehmen bestimmten Ministerium des Empfangsstaats zu führen oder über diese zu leiten.

(3) Die Räumlichkeiten der Mission dürfen nicht in einer Weise benutzt werden, die unvereinbar ist mit den Aufgaben der Mission, wie sie in diesem Übereinkommen, in anderen Regeln des allgemeinen Völkerrechts oder in besonderen, zwischen dem Entsendestaat und dem Empfangsstaat in Kraft befindlichen Übereinkünften niedergelegt sind.

Artikel 42

Ein Diplomat darf im Empfangsstaat keinen freien Beruf und keine gewerbliche Tätigkeit ausüben, die auf persönlichen Gewinn gerichtet sind.

Artikel 43

Die dienstliche Tätigkeit eines Diplomaten wird unter anderem dadurch beendet,

a) dass der Entsendestaat dem Empfangsstaat die Beendigung der dienstlichen Tätigkeit des Diplomaten notifiziert, oder

b) dass der Empfangsstaat dem Entsendestaat notifiziert, er lehne es gemäß Artikel 9 Abs. 2 ab, den Diplomaten als Mitglied der Mission anzuerkennen.

Artikel 44

Auch im Fall eines bewaffneten Konflikts gewährt der Empfangsstaat den Personen, die Vorrechte und Immunitäten genießen und nicht seine Angehörigen sind, sowie ihren Familienmitgliedern ungeachtet ihrer Staatsangehörigkeit, die erforderlichen Erleichterungen, um es ihnen zu ermöglichen, sein Hoheitsgebiet so bald wie möglich zu verlassen. Insbesondere stellt er ihnen im Bedarfsfall die benötigten Beförderungsmittel für sie selbst und ihre Vermögensgegenstände zur Verfügung.

Artikel 45

Werden die diplomatischen Beziehungen zwischen zwei Staaten abgebrochen oder wird eine Mission endgültig oder vorübergehend abberufen,

a) so hat der Empfangsstaat auch im Fall eines bewaffneten Konflikts die Räumlichkeiten, das Vermögen und die Archive der Mission zu achten und zu schützen;

b) so kann der Entsendestaat einem dem Empfangsstaat genehmen dritten Staat die Obhut der Räumlichkeiten, des Vermögens und der Archive der Mission übertragen;

c) so kann der Entsendestaat einem dem Empfangsstaat genehmen dritten Staat den Schutz seiner Interessen und derjenigen seiner Angehörigen übertragen.

Artikel 46

Ein Entsendestaat kann mit vorheriger Zustimmung des Empfangsstaats auf Ersuchen eines im Empfangsstaat nicht vertretenen dritten Staates den zeitweiligen Schutz der Interessen des dritten Staates und seiner Angehörigen übernehmen.

Artikel 47

(1) Bei der Anwendung dieses Übereinkommens unterlässt der Empfangsstaat jede diskriminierende Behandlung von Staaten.

(2) Es gilt jedoch nicht als Diskriminierung,

a) wenn der Empfangsstaat eine Bestimmung dieses Übereinkommens deshalb einschränkend anwendet, weil sie im Entsendestaat auf seine eigene Mission einschränkend angewandt wird;

b) wenn Staaten auf Grund von Gewohnheit oder Vereinbarung einander eine günstigere Behandlung gewähren, als es nach diesem Übereinkommen erforderlich ist.

Artikel 48

Dieses Übereinkommen liegt für alle Mitgliedstaaten der Vereinten Nationen oder Ihrer Sonderorganisationen, für Vertragsstaaten der Satzung des Internationalen Gerichtshofs und für jeden anderen Staat, den die Generalversammlung der Vereinten Nationen einlädt, Vertragspartei des Übereinkommens zu werden, wie folgt zur Unterzeichnung auf: bis zum 31. Oktober 1961 im österreichischen Bundesministerium für Auswärtige Angelegenheiten und danach bis zum 31. März 1962 am Sitz der Vereinten Nationen in New York.

Artikel 49

Dieses Übereinkommen bedarf der Ratifizierung. Die Ratifikationsurkunden sind beim Generalsekretär der Vereinten Nationen zu hinterlegen.

Artikel 50

Dieses Übereinkommen liegt zum Beitritt für jeden Staat auf, der einer der in Artikel 48 bezeichneten vier Kategorien angehört. Die Beitrittsurkunden sind beim Generalsekretär der Vereinten Nationen zu hinterlegen.

Artikel 51

(1) Dieses Übereinkommen tritt am dreißigsten Tag nach Hinterlegung der zweiundzwanzigsten Ratifikations- oder Beitrittsurkunde beim Generalsekretär der Vereinten Nationen in Kraft.

(2) Für jeden Staat, der nach Hinterlegung der zweiundzwanzigsten Ratifikations- und Beitrittsurkunde das Übereinkommen ratifiziert oder ihm beitritt, tritt es am dreißigsten Tag nach Hinterlegung seiner eigenen Ratifikations- oder Beitrittsurkunde in Kraft.

Artikel 52

Der Generalsekretär der Vereinten Nationen notifiziert allen Staaten, die einer der in Artikel 48 bezeichneten vier Kategorien angehören.

a) die Unterzeichnungen dieses Übereinkommens und die Hinterlegung der Ratifikations- oder Beitrittsurkunden gemäß den Artikeln 48, 49 und 50;
b) den Tag, an dem dieses Übereinkommen gemäß Artikel 51 in Kraft tritt.

Artikel 53

Die Urschrift dieses Übereinkommens, dessen chinesischer, englischer, französischer, russischer und spanischer Wortlaut gleicher-maßen verbindlich ist, wird beim Generalsekretär der Vereinten Nationen hinterlegt; dieser übermittelt allen Staaten, die einer der in Artikel 48 bezeichneten vier Kategorien angehören, beglaubigte Abschriften.
ZU URKUND DESSEN haben die unterzeichneten, von ihren Regierungen hierzu gehörig befugten Bevollmächtigten dieses Übereinkommen unterschrieben.
GESCHEHEN zu Wien am 18. April 1961.

Wie Sie aus den vorhergegangenen Ausführungen entnehmen konnten, können Sie zwar gegen entsprechende Verbindungen oder auch gegen Bakschisch sicherlich in den Besitz eines Diplomaten Passes kommen, nur dessen Nutzen wird wohl alleine sehr begrenzt sein! Bitte beachten Sie unbedingt diese Regel:

EIN DIPLOMATEN PASS OHNE AKKREDITIERUNG IM LAND VON DEM SIE IHRE STAATSBÜGERSCHAFT BESITZEN WIRD BEHANDELT WIE EIN NORMLAER REISEPASS DIESES AUSTELLENDEN STAATES OHNE SCHUTZ UND IMMUNITÄTEN FÜR SIE!!!

Dies wissen die wenigstens der sogenannten „Möchtegern Diplomaten“, nehmen Sie diese Warnung daher sehr ernst! Sie handeln sich mit einem nicht akkreditierten Diplomaten Pass aus fernen Ländern in Ihrem Land von dem Sie Staatsbürger sind mehr Ärger ein als es Ihnen Vorteile bringt!

Hier die Aussage eines Regierungsbeamten der zur Handhabung von Diplomatenpässen befragt wurde:

FRAGE: Welche Vorteile hat ein Diplomatenpass?

ANTWORT: „Der Pass alleine hat rechtlich keine Wirkung", sagt Herr Launsky-Tieffenthal. "Er entfaltet erst seine Wirkung, wenn diese Person in einem Drittstaat als offizieller Vertreter eines Entsendestaates, in diesem Falle Österreich, gemeldet wird oder als Mitglied der Bundesregierung oder Parlamentarier zu offiziellen Verhandlungen in einen Drittstaat reist." Erst dann entwickle der Diplomatenpass gewisse Rechte, die ursprünglich dem Selbstschutz der Reisenden dienen sollen.

Und hier eine weitere offizielle Beschreibung zum Diplomaten Pass

Deutscher Diplomatenpass (als maschinenlesbares Ausweisdokument):

Der Diplomatenpass ist ein für das grenzüberschreitende Reisen vorgesehener Pass, der üblicherweise nur an Diplomaten sowie an hochrangige Amts- und Mandatsträger, etwa Abgeordnete eines Parlaments oder Ministerialbeamte mit politischer Funktion, ausgegeben wird. Er soll nur für Reisen zu dienstlichen Zwecken verwendet werden. An Reisende im staatlichen Auftrag, die nicht Diplomaten sind und die keine politische Funktion ausüben, werden Dienstpässe ausgegeben.

Mit all diesem Wissen sind Sie der Wahrheit schon mal ein Stückchen näher gekommen, aber die wichtigste Information fehlt Ihnen noch!

Haben Sie sich schon mal überlegt warum ein deutscher Staatsbürger oder ein Staatsbürger eines anderen europäischen Staates plötzlich in seiner Heimat oder innerhalb Europas mit einem Diplomaten Pass aus Fantasia umherreisen sollte? Wäre Ihr Staat, von dem Sie Staatsbürger sind, an Ihnen als Diplomat interessiert, würde er Sie auf eine Diplomatenschule schicken und sie dann als Diplomat offiziell im Namen des Staates einstellen bzw. Ihnen einen Job verschaffen den Sie als deutscher Diplomat im Ausland wahrnehmen könnten oder Sie selbst hätten diesen Weg eingeschlagen.

Nachdem dies aber für Sie wahrscheinlich zu 99,99% nicht zu trifft, können sie auch davon ausgehen, dass Ihr Staat NICHT möchte, dass Sie irgendwelche diplomatische Positionen ausführen oder verwirklichen und schon überhaupt keine welche Ihnen Immunitäten im eigenen Land verschaffen!!! Sonst würde sich „Hinz und Kunz" mit einem Diplomaten Pass vom Ende der Welt straffrei im eigenen Land bewegen können. Deswegen wird Sie Ihr Staat von dem Sie Ihren Reisepass haben und von dem Sie die Staatsbürgerschaft besitzen NIEMALS und NIMMER als irgendeinen Diplomat aus Fantasia oder einem sonstigem Land Anerkennen, von dem Sie zwar einen Diplomatenpass besitzen aber von dem Sie weder akkreditiert noch Staatsbürger dieses Landes sind!

Sondern Ihr Staat wird Sie behandeln wie jeder andere normale 08/15 Staatsbürger und Steuerzahler auch und wird über Ihr diplomatisches Papier aus einem exotischen Staat nur müde lächeln und ggf. Strafanzeige wegen Verstoßes gegen das Passgesetz sowie das Führen unerlaubter Titel und Ehren und das Vortäuschen falscher Tatsachen stellen. Also nochmals für alle „Möchtegern Diplomaten" die dies nicht gerne hören wollen weil Sie Ihren Diplomaten Pass teuer irgendwo erstanden haben:

EIN DIPLOMATEN PASS OHNE AKKREDITIERUNG IST NUTZLOS IM LAND VON DEM SIE IHRE STAATSBÜRGERSCHAFT BESITZEN!!!

Sie können Ihren Diplomaten Pass dann höchstens noch in einer VIP Disko dem Türsteher zum schnelleren Einlass vorzeigen bzw. in einem VIP Restaurant dem Ober, so dass Sie einen Tisch näher zur örtlichen Prominenz sitzen dürfen, ansonsten können sich das Dokument sonst wo hinstecken.

Dem Autor selbst wurden über 5 Diplomaten Pässe verschiedener Regierungen hinterhergeschmissen nachdem er je einen für das betreffende Land positiven Bericht an entsprechenden Stellen veröffentlichte.

Alle Titelhändler, Vermittler und sonstige Gestalten auf dem grauen Markt werden Ihnen diese Wahrheit sicherlich nicht sagen, da sie sich sonst selbst das Geschäft vernichten würden.

Also, Sie wissen nun, dass ein Diplomaten Pass ohne Akkreditierung fast wertlos ist, stellt sich nun natürlich und logischer weise die Frage:

Wie bekomme ich eine Akkreditierung?

All diese Informationen sind Gegenstand des Wienerübereinkommens über diplomatische Beziehungen.

Um hier nicht unnötig in trockene Gesetzesausdeutungen zu kommen werde ich Ihnen den Sachverhalt der Akkreditierung ganz einfach umgangssprachlich erklären.

In der Praxis verhält es sich normaler Weise so, dass Sie ein Entsendestaat, meist der Staat von dem Sie auch Staatsbürger sind, in den diplomatischen Dienst berufen hat entweder als Parlamentsabgeordneter, als Minister, als Attache, als Konsul oder Generalkonsul, als Botschafter oder als Sondergesandter für bestimmte Zwecke oder auch nur zeitlich begrenzt für bestimmte Aufgaben oder bestimmte Veranstaltungen.

Dann stellt der Entsendestaat Ihnen einen Diplomaten Pass aus gleichzeitig mit der Ernennung zum Botschafter, Konsul oder zu was auch immer. Hierzu bekommen Sie auch eine Ernennungsurkunde bzw. sind dann auch in der Diplomaten Liste des Entsendestaates vermerkt. Dann reisen Sie im Regierungsauftrag in ein anderes Land oder in den Ihnen zugeordneten Empfangsstaat und haben dort diplomatischen Schutz für den Zeitraum Ihrer Tätigkeit. Sollten Sie mit einer Aufgabe vertraut worden sein als Konsul, Generalkonsul, Botschafter, Attache, Botschaftssekretär oder sonstige Aufgaben in einer Botschaft oder einem Konsulat, so werden Sie vom Außenministerium des Entsendestaates dem Außenministerium des Empfangsstaates gemeldet, dass Sie nun als Botschafter etc. ab einer bestimmten Zeit im Empfangsstaat Ihren Dienst beginnen. Dann übersendet Ihnen das Außenministerium des Empfangsstaates eine Bestätigung welches gleichzeitig auch die Akkreditierung ist.

Grundsätzlich werden vom jeweiligen Botschafter und dem jeweiligen Außenministerium des Entsendestaates dann die Mitarbeiter der Botschaft einfach dem Außenministerium des Empfangsstaates mitgeteilt und dieses bestätigt die jeweilige Person und akkreditiert die besagte Person somit. Da bilateral davon ausgegangen wird, dass vom Außenministerium des Entsendestaates ausschließlich nur sogenannte Persona grata in den Dienst berufen werden und dem Außenministerium des Empfangsstaates mitgeteilt werden, erfolgt hier auch keine weitere Überprüfung der Person, wie es z.B. bei einem Honorarkonsul der das Exequatur beantragen muss, gemacht wird.

Somit können Sie schneller in den Diplomatischen Dienst als Mitarbeiter der Botschaft berufen und akkreditiert werden als wie wenn Sie eine Exequatur als Honorarkonsul beantragen müssen.

Ab dem Moment zu dem Sie im Empfangsstaat offiziell anerkannt wurden haben Sie auch die volle diplomatische Immunität im Empfangsstaat und sind dort auch als Diplomat gelistet.

Sie genießen dann die volle diplomatische Immunität wie im Wiener Übereinkommen über diplomatische Beziehungen vereinbart.

Wenn Sie nun aufmerksam gelesen haben, konnten Sie erfahren, dass Sie NUR und AUSSCHLIESSLICH eine Akkreditierung bekommen wenn Sie STAATS-

BÜRGER des ENTSENDESTAATES sind!!! Und nicht wenn Sie Staatsbürger des Empfangsstaates sind! Das bedeutet in der Regel in Ihrem Fall ÜBERHAUPT NICHT!!!!

Nochmals für alle Schöndenker: Sie bekommen eine Akkreditierung und die volle diplomatische Immunität nur und ausschließlich als Staatsbürger des Entsendestaates! Wer Ihnen was anderes versucht zu erzählen lügt schlicht und einfach! Und dies bedeutet:

OHNE Akkreditierung auch KEINE Immunitäten!

Ab diesem Punkt spätestens dürfte die diplomatische Reise ins Fantasialand der Diplomaten für mindestens 85% der Möchtegern Diplomaten ausgereist sein.

Wohin geht aber die diplomatische Reise für die restlichen noch 15% der Mitreisenden? Dies ist der absolut harte Kern der sich noch nicht aus dem 1. Klasse Abteil vertreiben ließ. Auf dem Weg zum Ziel bleiben nur noch sehr flexible und kapitalkräftige Reisende übrig! Sollten Sie auch hierzu nicht gehören, können Sie den Zug am nächsten und letzten Bahnhof vor dem Zielbahnhof noch verlassen.

DIE LÖSUNG

Lassen Sie uns nochmals kurz zusammenfassen:

1. Sie können in dem Staat von dem Sie Staatsbürger sind grundsätzlich nicht akkreditiert werden, so lange Sie nicht Staatsbürger des Entsendestaates sind oder Ihr eigener Staat Sie zum Diplomaten macht.
2. Jeder Diplomaten Pass eines anderen Staates ist in dem Land von dem Sie Staatsbürger sind, nur so viel wert wie ein normaler Reisepass des Ausstellungslandes, wenn dieser nicht akkreditiert ist und Sie haben mit einem Diplomatenpass ohne Akkreditierung keinerlei Immunitäten außer Ihr Staat von dem Sie Staatsbürger sind hat Ihnen selbst einen Diplomaten Pass ausgestellt.

Um diese Sachlage nun elegant zu umgehen, haben Sie die folgenden Möglichkeiten um dennoch zu Ihrem ersehnten Diplomaten Pass und noch wichtiger zu Ihrer vollen diplomatischen Immunität zu gelangen.

Zum einen können Sie versuchen mit Ihrem nicht akkreditierten Diplomaten Pass sich nur in einem sogenannten Drittland zu bewegen. Dies bedeutet Sie besitzen einen Diplomaten Pass aus Staat A und sind aber Staatsbürger von Staat B und leben oder bewegen sich aber nur in Staat C mit Diplomaten Pass aus Staat A.

Da Sie nicht Staatsbürger aus Staat C sind wird Staat C Sie grundsätzlich als Diplomat aus Staat A auf der Durchreise akzeptieren, entweder zu Ihrem Zielland oder zurück in Ihren Entsendestaat. Wenn Sie dies durch entsprechende Papiere Ihres Staates der Ihnen den Diplomaten Pass ausgestellt hat unterlegen können umso besser zum Beispiel mit einer Kuriertätigkeit des entsprechenden Innenministerium oder einem bestimmten Schreiben welches Ihre Aufgabe oder Ihren Auftrag genauer erläutert.

Fast kein Drittland wird sie jedoch danach Fragen da es sonst sinnlos wäre Diplomaten zu ernennen, wenn diese jedem Beamten erklären müssten was Ihre Aufgaben sind. Sie werden in der Regel ungehindert passieren können.

Und zum anderen wäre die bessere Alternative hierzu, wenn Sie gleich Staatsbürger des Entsendestaates werden, dann hätten Sie Ihr Ziel zu 100% erfüllt.

Dies können Sie in der Regel nur mit der Hilfe sogenannter Vermittler oder Anwälten mit Regierungskontakten verwirklichen. Sie sollten hierzu wie folgt vorgehen:

Suchen Sie sich ein geeignetes Land, das Sie gerne vertreten möchten. Achten Sie darauf, dass Sie sich nicht irgendeinen Schurkenstaat raussuchen bzw. ein Land das gegen Menschenrechte oder ähnliches verstößt. Suchen Sie nach einem Land das Ihnen bestmöglichste Freiheit bietet und in das Sie im Notfall auch einreisen können um dort zu leben ohne in einen Bürgerkrieg oder ähnliche Probleme verwickelt zu werden. Ebenso sollte Sie auch darauf achten, dass das neue Wunsch Land an Ihren bisherigen Staat aus dem Sie Staatsbürger sind keine Rückmeldung macht, dass Sie eine neue Staatsbürgerschaft beantragt haben, da in den meisten europäischen Staaten keine Zweitstaatsbürgerschaft geduldet wird, was zur Folge hätte, dass Sie Ihre jetzige Staatsbürgerschaft aufgeben müssten, was nicht sehr sinnvoll wäre, da Sie mit einem europäischen Pass immer noch besser und ungehinderter Reisen können wie mit einem exotischen Diplomaten Pass für den Sie übrigens genauso ein Visa benötigen, wie wenn Sie mit einem normalen Reisepass dieses Staates reisen würden.

Sehr gut eignet sich hier für z.B. die Dominikanische Republik, Paraguay, Uruguay, Argentinien, Brasilien, Chile, Mexiko, Panama, Bolivien, Peru, Ecuador, Cape Verde, Sao Tome, Südpazifik Staaten wie Samoa, Kiribati, Vanuatu und sicherlich noch andere Staaten.

Versuchen Sie durch einen Anwalt der sich auf Regierungskontakte und Einbürgerungen spezialisiert hat die Einbürgerung abzuwickeln. Achten Sie hier unbedingt darauf einen seriösen Anwalt vor Ort zu finden der Ihnen bereits entsprechende Erfolge vorweisen kann und der schon mehrere Jahre seine Kanzlei betreibt. Auch andere Vermittler und Dokumentenbeschaffer sind möglich.

Achten Sie jedoch unbedingt darauf mit wem Sie es hier zu tun haben sonst kann die ganze Angelegenheit schnell zu einer Katastrophe ausarten bei der Sie Ihr Geld und Ihren Namen verlieren können.

Es sollte eventuell zuerst noch geklärt werden was für Möglichkeiten der Einbürgerung es gibt (Bitte lesen Sie auch hierzu das Kapitel Zweitpass und Staatsbürgerschaft in meinem Werk Top-Secret. Dieses Werk ist für alle Leser dieses Reports kostenlos erhältlich! Bitte fordern Sie Ihre Ausgabe formlos per Mail an unter: Dr.Goldmann@publicist.com). Grundsätzlich erhalten Sie die Zweitstaatsbürgerschaft durch Heirat, Adoption oder durch Einbürgerung in dem Sie eine bestimmte Zeit in Ihrem gewünschten Land gelebt haben bzw. ein bestimmtes Investment im entsprechenden Land getätigt haben.

Ich möchte hier nur auf die Einbürgerung durch Aufenthalt in Ihrem Wunsch Land eingehen, da dies die gängigste und schnellste Variante von allen ist.

Hierzu gibt es auch wiederum zwei verschiedene Möglichkeiten eingebürgert zu werden. Entweder Sie wählen die offizielle und problemloseste Variante, nämlich in dem Sie Ihren Wohnsitz in das Wunsch Land verlegen und Sie sich in Deutschland oder Ihrem jetzigen Wohnsitz einfach abmelden. Wandern Sie dann mit Sack und Pack á la Johny Reimann aus Hamburg in Ihr Wunsch Land aus und sitzen da Ihre vorgeschriebene Zeit ab (meist 3-5 Jahre) bis Sie dann ganz legal und ohne viel Bakschisch Ihre Einbürgerung ganz offiziell selbst beantragen können. Allerdings sollten Sie hier auch über entsprechende Sprachkenntnisse Ihres Wunsch-Landes verfügen! Sonst wird das ganze nichts!

Oder aber Sie helfen hier etwas mit Spenden oder sonstigen Zugaben nach, in dem dann ein entsprechender Anwalt oder Vermittler vor Ort dafür sorgt, dass Sie eben nicht erst HEUTE in Ihrem Wunsch Land eingewandert sind sondern dort bereits schon seit 3 Jahren ansässig sind und Sie jetzt über Ihren Vermittler die entsprechende Einbürgerung SOFORT beantragen können, da Ihre Einwanderung um 3 Jahre zurückdatiert wurde.

Diesem Vermittler oder Anwalt teilen Sie aber am besten auch gleich Ihre wahre Zielvorstellung mit, nämlich dass Sie sich nicht nur einbürgern lassen möchten, sondern mit der Einbürgerung auch als neuer Staatsbürger einen diplomatischen Posten in Land X haben möchten.

Am besten und sichersten ist ein Posten als Attache oder als sonstiger Mitarbeiter in einer Botschaft. Sollten sie aber auf etwas mehr Prestige Wert legen dann ist sicher eine Ernennung zum Konsul von Vorteil! Hier sind Sie nun Volldiplomat als Konsul und als Staatsbürger des Entsendestaates und genießen so auch die volle diplomatische Immunität also Sie sind KEIN Honorar- oder Wahlkonsul sondern ein Konsul mit voller diplomatischer Immunität da Sie als Staatsbürger des Entsendestaates Ihren Posten ausführen. Für derartige Pakete, also Einbürgerung plus diplomatischer Anstellung sollten Sie von einer Spende an den jeweiligen Staat von einem Minimum von 250-500.000 Euro ausgehen. Bei dieser Summe lässt dann auch gerne der jeweilige Botschafter mit sich sprechen ob Sie Ihren Mercedes oder Rolls nicht auch gleich auf die jeweilige Botschaft anmelden wollen, vorausgesetzt natürlich Sie „leihen" dann Ihre Nobelkarosse auch dem Botschafter für bestimmte Anlässe mal aus, damit dieser bei seinen Kollegen mal richtig auf den Putz hauen kann (besonders beliebt bei schwarzafrikanischen Staaten sowie Südamerikanern).

Dafür erhalten Sie aber auch das absolute TOP Paket und eine absolute Lebensversicherung und Sie haben absolute diplomatische Immunität weltweit!! So können Sie sich mit voller Immunität bewegen ob im Auto, auf Reise oder in Ihrer Residenz! Manchen ist diese Versicherung sehr viel mehr wert als die oben genannte Summe, denn schließlich ist Ihre Freiheit am Schluss unbezahlbar! Dies vor allem in der heutigen Zeit des Überwachungswahns an Flughäfen, Innenstädten, Autobahnen etc., bei der Durchleuchtung Ihrer Privatsphäre bei Banken, Krankenkassen und sonstigen offiziellen Institutionen. Dies ist eine der letzten Möglichkeiten Ihre Privatsphäre einigermaßen zu schützen, allerdings sind nicht mehr allzu viele Staaten bereit Ihnen hierbei behilflich zu sein, denn die Zeiten von Konsul Weyer haben sich leider geändert, aber es gibt sie noch!

Alternativ zu den vorgenannten Möglichkeiten besteht auch der Weg des Diplomaten für eine UN Organisation wahrzunehmen. Dies bedeutet, dass zum Beispiel Staat A Sie als Attache oder jede andere diplomatische Position ernennt, aber nicht für einen bestimmten Empfangsstaat, sondern Sie werden für eine UN Organisation wie der UNESCO in Paris, oder IAFA in Wien oder der FAO in Rom abgesandt. Hier können Sie dann auch als Staatsbürger eines sogenannten Dritt-Staates Diplomat mit voller diplomatischer Immunität werden. Ihr Sende Staat ist Staat A, Sie sind aber nicht Staatsbürger des Staates A sonder des Staates B und sind abgesandt an eine UN Organisation im Staat C. Das heißt Sie haben im Staat C völlige Immunität und genießen alle diplomatischen Vorzüge wie ein Botschafter oder jeder andere Diplomat in diesem Staat auch.

2 | WIE WERDE ICH HONORAR – KONSUL

WAS BEDEUTET DIE BEZEICHNUNG HONORAR-KONSUL

Ein Honorar- oder Wahlkonsul ist ein ehrenamtlicher Konsul. Die ebenfalls noch gebräuchliche Bezeichnung Handelskonsul rührt daher, dass ursprünglich vor allem Kaufleute zu ehrenamtlichen Konsuln ernannt wurden, da ihre Tätigkeit vornehmlich der Erleichterung von Handelsbeziehungen diente. Der Honorarkonsul ist ein Ehrenbeamter.

Voraussetzung für seine Ernennung zum Honorarkonsul ist heute, dass der Bewerber nach seiner Persönlichkeit, seiner beruflichen Erfahrung, seiner Stellung im Empfangsstaat, seiner Vertrautheit mit den Verhältnissen in dem für ihn vorgesehenen Fachgebiet und seinen Sprachkenntnissen für das Amt geeignet erscheint. Zu Honorarkonsuln der Bundesrepublik Deutschland können sowohl deutsche als auch Ausländische Staatsbürger ernannt werden.

Der Honorarkonsul ist jedoch zumeist ein Bürger des Empfangsstaates, also des Staates, in dem er die Interessen des Entsendestaates vertritt. Die Arbeit des Honorarkonsuls wird nicht besoldet. Der Honorarkonsul bezieht aber die für seine Amtshandlungen zu erhebenden Gebühren für sich. Der Honorarkonsul genießt regelmäßig nur Amtshandlungsimmunität. Diese gewährt nur im Zusammenhang mit der Wahrnehmung der konsularischen Aufgaben Immunität vor der Strafverfolgung.

Häufig bestehen Zweifel über die Reichweite dieser Amtsimmunität, insbesondere bei Verkehrsdelikten, die im Zusammenhang mit einer Fahrt eines Honorarkonsuls zu einem (angeblichen) Konsulatstermin stehen. Hierbei gilt - entgegen einer weit verbreiteten Ansicht -, dass auch der Honorarkonsul strafrechtliche Immunität besitzt, wenn es sich um Fahrten im Rahmen der Konsulatstätigkeit handelt.

Honorargeneralkonsul oder Honorarkonsul eines fremden Landes zu sein ist ehrenvoll, mühsam und teuer.

Der ausländische „Entsendestaat" ernennt seinen künftigen Vertreter im Empfangsstaat mittels einer Urkunde, nachdem der Kandidat vom Auswärtigen Amt in Berlin und von der jeweiligen Landesregierung „auf

Herz und Nieren“ untersucht worden ist: polizeiliches Führungszeugnis, Steuerakte, Leumund, schriftliche Beurteilung der Handelskammer, ob der Kandidat Gewähr für „wirtschaftlichen Nutzen“ bieten könnte. Wenn alles gut läuft, stellt das Auswärtige Amt die Zulassung für einen Konsul, das Exequatur (lateinisch „er vollziehe!“), aus.

Honorarkonsuln müssen ihre Büro-, Personal- und Betriebskosten (selten weniger als 100 000 Euro pro Jahr) aus eigenen versteuerten Einnahmen aufbringen. Steuer- oder Zollvorteile gibt es nicht.

Honorarkonsuln dürfen am Wagen das begehrte CC-Schild (Corps Consulaire) führen, sind gesellschaftlich angesehen und genießen bei der Ausübung von Hoheitsakten Immunität.

Bei dem Titel "Honorarkonsul" denkt man unweigerlich auch an Hans-Hermann Weyer – den "schönen Konsul", einen Adoptionsadeligen, der vor allem in den 80er-Jahren mit Titeln, Orden und Ritterschlägen handelte. 670 Konsul-Titel will Weyer vergeben haben. Heute hätte ein Konsul Weyer kaum noch eine Chance. Seit 1963 regelt das "Wiener Übereinkommen über konsularische Beziehungen" (WÜK), was ein Konsul ehrenhalber können muss und was er darf. In Deutschland gab es im vergangenen Jahr 456 honorarkonsularische

Vertretungen, für Deutschland engagierten sich im Ausland etwa 300 Honorarkonsuln.

Der Vorteil: Stellt Deutschland einen Ehrenkonsul statt eines diplomatischen Konsuls, spart die Bundesrepublik Geld. Das Büro und Angestellte zahlt der Honorarkonsul nämlich aus eigener Tasche, er selbst erhält kein Gehalt. Gleichzeitig hat das Land vor Ort eine Anlaufstation für Deutsche und ist offiziell am wirtschaftlichen und kulturellen Netzwerk zwischen den Ländern beteiligt.

Wer Honorarkonsul werden will, tritt an die Botschaft im jeweiligen Land heran. Sieht diese Bedarf an einer Vertretung, hält die Einrichtung für ein diplomatisches Konsulat aber für zu aufwendig, schlägt sie dem Außenministerium des Gastlandes vor, ein Honorarkonsulat zuzulassen. Der Konsul muss eine der beiden Staatsangehörigkeiten haben und darf natürlich nicht vorbestraft sein. Außerdem soll der Würdenträger nicht materiell von seiner Stellung profitieren - meist handelt es sich bei Honorarkonsuln allerdings um Personen, die sich schon lange auch wirtschaftlich in beiden Ländern engagieren.

Aufregend und glamourös ist der Beruf allerdings nur im Film, denn ein Honorarkonsul schlägt sich mit Pässen, Visa und Beglaubigungen herum (ob sie Pässe ausstellen oder nur an die Botschaft weiterleiten dürfen, hängt von der Abmachung mit der Botschaft ab). Und nur im Rahmen seiner Aufgaben genießt der Konsul Amtsimmunität. Die Aufgaben die ein Honorarkonsul erfüllen muss entnehmen Sie dem Wiener Übereinkommen für konsularische Beziehungen von 1963, welches in Kapitel 4 in diesem Report ausführlich abgedruckt ist.

DER UNTERSCHIED ZWISCHEN EINEM KONSUL UND EINEM HONORARKONSUL

Der Unterschied liegt ganz einfach darin begründet, dass der Konsul ein sogenannter Volldiplomat bzw. Berufsdiplomat ist und ausschließlich Staatsbürger des Entsendestaates sein sollte. Dies bedeutet, dass der Konsul von z.B. Brasilien in Deutschland auch ein brasilianischer Staatsbürger sein sollte. Ein Konsul hat dann somit die gleichen Immunitäten wie ein Botschafter. Die Rangfolge ist wie folgt: Botschafter, Generalkonsul, Konsul und Attaches der verschiedenen Bereiche z.B. Militär, Kultur oder Handel. In der Praxis sind manche Konsule auch innerhalb der Botschaft beschäftigt diese haben lediglich eine andere Aufgabe als die Botschafter. Manche Länder haben jedoch auch selbständige Konsulate oder Generalkonsulate im Empfangsstaat eingerichtet.

Dagegen handelt es sich beim Honorarkonsul meist um einen Staatsbürger des Empfangsstaates, d.h. dass z.B. ein deutscher Staatsbürger in Deutschland Honorarkonsul von Brasilien oder von einem beliebigen anderen Staat ist und dessen Handelsinteressen im Empfangsstaat vertritt. Der Schutz und die Immunitäten für einen Honorar- oder Wahlkonsul sind komplett unterschiedlich zu denen eines Berufskonsuls der Staatsbürger des Entsendestaates sein muss. Die Aufgaben und Immunitäten eines Honorarkonsuls entnehmen Sie bitte dem Wiener Übereinkommen über konsularische Beziehungen von 1963 aus Kapitel 4.

MÖGLICHE AUFGABEN EINES HONORARKONSULS

Aufgaben am Beispiel eines Honorarkonsuls von Ungarn für das Bundesland Baden-Württemberg:

Das Honorarkonsulat der Republik Ungarn nimmt im Rahmen des Völkerrechts auf Weisung der Republik Ungarn die konsularischen Aufgaben in Baden-Württemberg wahr. Der Honorarkonsul wahrt die Interessen der ungarischen Staatsbürger, der Rechtspersonen und Organisationen ohne Rechtspersönlichkeit.

Zu den wichtigsten konsularischen Aufgaben gehören:

a) der Schutz der Interessen des ungarischen Staates und seiner Angehörigen sowie die Förderung der Entwicklung der Beziehungen auf dem Gebiet des Handels, der Wirtschaft, des Fremdenverkehrs, der Kultur und der Wissenschaft

b) die Übernahme der Interessen von minderjährigen und handlungsunfähigen Staatsbürgern der Republik Ungarn im Rahmen der Rechtsvorschriften, insbesondere wenn diese unter Vormundschaft gestellt oder entmündigt werden sollen.

c) die Vertretung ungarischer Staatsbürger vor den Gerichten und anderer Behörden im Rahmen des geltenden Rechts und der Verfahrensregeln oder er veranlasst die notwendigen Maßnahmen um ihre Vertretung sicherzustellen, um deren Rechte und Interessen zu wahren und notfalls einstweilige Verfügungen zu erwirken, sofern sie dies wegen Abwesenheit oder aus anderen Gründen nicht selbst wahrnehmen können.

d) im Bedarfsfalle die Hilfeleistung für Flugzeuge, die in Ungarn registriert sind, und deren Besatzung,

e) die Gewährung von Hilfe und Unterstützung für ungarische Staatsbürger, die in Not geraten sind. Gemäß dem § 69 Abs 2 des ungarischen Verfassungsgesetzes haben die ungarischen Staatsangehörigen jeder Zeit das Recht, nach Ungarn heimzukehren. Das Honorarkonsulat gibt in Abstimmung mit der Botschaft den bedrängten Bürgern Hilfe und Unterstützung, um eine Heimkehr sicherzustellen. Dabei ist zunächst eine technische Hilfe bei der Vorbereitung und Heimkehr zu vollziehen. Geldleistungen erfolgen nur in Sonderfällen und nur mit Zustimmung des Generalkonsulats.

Weitere Aufgaben bestehen in folgenden Amtshandlungen:

1.) Beglaubigungen:

Der Honorarkonsul ist gemäß § 157 des Gesetzes Nr. XLI/191 über die öffentlich bestellten Notare befugt, folgende Beglaubigungen zu erteilen:

a) die Authentizität von Dokumenten, die von Behörden in seinem Konsularbereich oder von ungarischen Behörden ausgestellt wurden,

b) die Authentizität von Unterschriften auf Privatdokumenten, die in Ungarn ausgefertigt worden sind,

c) die Authentizität von Unterschriften und Namenszeichen ungarischer Staatsbürger und juristischer Personen auf Privatdokumenten über Rechtserklärungen oder Rechtsgeschäfte, die im Ausland ausgefertigt worden sind,

d) dass eine Kopie mit einem unter Punkt a) – c) genannten Dokument völlig übereinstimmt.

2.) Immatrikulation

Die Geburt, die Ehe, die Ehescheidung und der Tod eines ungarischen Staatsangehörigen muss jeweils in das ungarische Matrikel eingetragen werden. Wenn ein solches Ereignis in Baden-Württemberg stattfindet, kann die Immatrikulation auch beim Honorarkonsulat beantragt werden.

Notwendige Unterlagen:

Geburt:

- ein ausgefülltes Antragsformular (Formular bei Honorarkonsulat erhältlich),
- deutsche Geburtsurkunde (mit beglaubigter ungarischer Übersetzung),
- die ungarische Geburtsurkunde des ungarischen Elternteils,
- die ungarische Heiratsurkunde der Eltern,
- Ausweisdokument der Eltern (Personalausweis, Reisepass)

Ehe:

- ein ausgefülltes Antragsformular (Formular bei Honorarkonsulat erhältlich),deutsche Heiratsurkunde mit beglaubigter ungarischer Übersetzung,

- ungarische Geburtsurkunde des ungarischen Partners,
- gültiger Reisepass oder gültiger Personalausweis,
- falls eine frühere Ehe geschieden wurde ist die ungarische Heiratsurkunde mit dem Eintrag der Ehescheidung des ungarischen Partners beizufügen.

Ehescheidung:

- Ein ausgefülltes Antragsformular (Formular beim Honorarkonsulat erhältlich),
- rechtskräftiges Urteil über die Scheidung mit beglaubigter Übersetzung,
- Bescheinigung gemäß Artikel 33 bei Entscheidungen in Ehesache (Bestätigung des zuständigen deutschen Gerichts mit beglaubigter ungarischer Übersetzung,
- ungarische Heiratsurkunde,
- ungarische Geburtsurkunde des ungarischen Staatsangehörigen,
- Gültiger Reisepass oder gültiger Personalausweis.

- Falls der Antragsteller die Namensführung nach der Scheidung geändert hat, so ist auch das entsprechende Formular ausgefüllt vorzulegen.

Todesfall:

- Ein ausgefülltes Formular (Formular beim Honorarkonsulat erhältlich),
- deutsche Todesurkunde mit beglaubigter Übersetzung,
- ungarische Geburts- und Heiratsurkunde der verstorbenen Person,
- Reisepass oder Personalausweis der verstorbenen Person.

3.) Einholen von Personenstandsbüchern aus Ungarn

Falls jemand nicht über Geburts-, Heirats-, oder Sterbeurkunde verfügt, können diese über die Konsulate beantragt werden.

Mittels des dafür vorgesehenen Formulars können diese beantragt werden. Dazu ist eine Kopie des gültigen Ausweises des Antragsstellers vorzulegen.

4.) Vorläufiger Reisepass

Falls der Reisepass eines ungarischen Staatsbürgers im Ausland abgelaufen oder verlorengegangen ist und weitere Auslandsreisen nicht aufschiebbar sind, bis ein neuer Reisepass zur Verfügung steht, kann das Honorarkonsulat der betroffenen Person einen vorläufigen Reisepass ausstellen lassen. Der vorläufige Reisepass wird bis Ende der Reise, aber maximal ein Jahr lang gültig sein.

Falls Ungarn das Endreiseziel ist, muss der vorläufige Reisepass innerhalb von fünf Tagen nach Einreise in Ungarn abgegeben werden. Der Antrag auf einen vorläufigen Reisepass ist am Honorarkonsulat persönlich zu stellen.

Folgende Dokumente sind dabei vorzulegen:

- ausgefülltes und unterzeichnetes Antragsformular. Bei Minderjährigen muss das Formular von beiden erziehungsberechtigten Eltern unterschrieben werden.
- Ein Dokument, das die ungarische Staatsbürgerschaft bestätigt: Reisepass, Personalausweis oder gültiges Staatsbürgerschaftszeugnis
- 1 aktuelles Foto
- Protokoll über den Verlust, Beschädigung, oder Vernichtung des Passes

- Ungarische Geburtsurkunde

5.) Angelegenheiten betreffend die Staatsbürgerschaft

a) Antrag auf die Bestätigung der Staatsbürgerschaft

die Bestätigung der ungarischen Staatsbürgerschaft kann durch einen gültigen ungarischen Reisepass, Personalausweis oder ein Staatsbürgerschaftszeugnis, das nicht älter als ein Jahr ist, erfolgen. Personen, die über keine der genannten Dokumente verfügen, und die Staatsangehörigkeit vor den ungarischen oder ausländischen Behörden nachweisen müssen, müssen folgenden Prozess durchführen. Mit dem Zeugnis ist zu bestätigen, dass die ungarische Staatsbürgerschaft besteht, verloren ging oder der Antragssteller keine ungarische Staatsbürgerschaft besitzt.

b) Der Wiedererhalt der ungarische Staatsbürgerschaft mit Antragsstellung

Folgende Personengruppen können die ungarische Staatsbürgerschaft durch Stellung eines Antrags wieder erhalten:

- Personen, denen die Staatsbürgerschaft entzogen wurde

- Personen, die durch ihre deutsche Nationalität bis 1949 nach Deutschland übersiedeln mussten
- Personen, die ihre Staatsbürgerschaft zw. 05.09.1947 - 02.05.1990 niedergelegt haben

c.) Verzicht auf die ungarische Staatsbürgerschaft

- das Verfahren beginnt auf Initiative des Antragsstellers
- der Antragssteller muss im Ausland leben, und darf keinen angemeldeten Wohnsitz in Ungarn haben
- muss über eine ausländische (in diesem Fall die deutsche) Staatsbürgerschaft verfügen

6.) Förderung der Ungarischen Wirtschaft:

- Vertretung der Wirtschaft Ungarns an internationalen Konferenzen, Kongressen und informellen Anlässen,
- Wahrnehmung der Interessen ungarischer Firmen in Baden-Württemberg, Unterstützung der Zusammenarbeit der Trägerorganisationen beider Länder im Bereich Forschung und Entwicklung.

- Erstberatung über ein mögliches Engagement in Ungarn,
- Kontaktanbahnungen in der Region im Interesse ungarischer Unternehmen und Wahrnehmung der Interessen ungarischer Firmen in Baden-Württemberg.
- Erstinformationen über das wirtschaftliche Umfeld an interessierte Unternehmen, Verbänden und Behörden.
- Kontaktpflege zu den deutschen Firmen, die in Ungarn präsent sind.

DAS WIENER ÜBEREINKOMMEN ÜBER KONSULARISCHE BEZIEHUNGEN VON 1963

veröffentlicht im Bundesgesetzblatt Jahrgang 1969 Teil II Nr. 59, Seite 1587 ff.,

ausgegeben zu Bonn am 2. September 1969

Wiener Übereinkommen vom 24. April 1963 über konsularische Beziehungen

DIE VERTRAGSSTAATEN DES ÜBEREINKOMMENS -

EINGEDENK DESSEN, dass zwischen den Völkern von alters her konsularische Beziehungen aufgenommen worden sind,

IN ANBETRACHT der in der Charta der Vereinten Nationen verkündeten Ziele und Grundsätze in Bezug auf die souveräne Gleichheit der Staaten, die Wahrung des Weltfriedens und der internationalen Sicherheit sowie auf die Förderung freundschaftlicher Beziehungen zwischen den Nationen,

IN DER ERWÄGUNG, dass die Konferenz der Vereinten Nationen über die diplomatischen Beziehungen und Immunität das Wiener Übereinkommen über diplomatische Beziehungen angenommen hat, das am 18. April 1961 zur Unterzeichnung aufgelegt worden ist,

ÜBERZEUGT, dass ein internationales Übereinkommen über konsularische Beziehungen, Vorrechte und Immunitäten ebenfalls geeignet ist, ungeachtet der unterschiedlichen Verfassungs- und Sozialordnungen der Nationen zur Entwicklung freundschaftlicher Beziehungen zwischen ihnen beizutragen,

IN DER ERKENNTNIS, dass diese Vorrechte und Immunitäten nicht dem Zweck dienen, einzelne zu bevorzugen, sondern zum Ziel haben, den konsularischen Vertretungen die wirksame Wahrnehmung ihrer Aufgaben im Namen ihres Staates zu gewährleisten,

UNTER BEKRÄFTIGUNG des Grundsatzes, dass die Regeln des Völkergewohnheitsrechts auch weiterhin für alle Fragen gelten, die nicht ausdrücklich in diesem Übereinkommen geregelt sind -

HABEN FOLGENDES VEREINBART:

Art. 1
Begriffsbestimmungen

(1) Im Sinne dieses Übereinkommens haben die nachstehenden Ausdrücke folgende Bedeutung:

a) der Ausdruck "konsularische Vertretung" bezeichnet jedes Generalkonsulat, Konsulat, Vizekonsulat und jede Konsularagentur;

b) der Ausdruck "Konsularbezirk" bezeichnet das einer konsularischen Vertretung für die Wahrnehmung konsularischer Aufgaben zugeteilte Gebiet;

c) der Ausdruck "Leiter der konsularischen Vertretung" bezeichnet eine Person, die beauftragt ist, in dieser Eigenschaft tätig zu sein;

d) der Ausdruck "Konsularbeamter" bezeichnet jede in dieser Eigenschaft mit der Wahrnehmung konsularischer Aufgaben beauftragte Person einschließlich des Leiters der konsularischen Vertretung;

e) der Ausdruck "Bediensteter des Verwaltungs- oder technischen Personals" bezeichnet jede in dieser Eigenschaft in der konsularischen Vertretung beschäftigte Person;

f) der Ausdruck "Mitglied des dienstlichen Hauspersonals" bezeichnet jede als Hausbediensteter bei einer konsularischen Vertretung beschäftigte Person;

g) der Ausdruck "Mitglieder der konsularischen Vertretung" bezeichnet die Konsularbeamten, die Bediensteten des Ver-

waltungs- oder technischen Personals und die Mitglieder des dienstlichen Hauspersonals;
h) der Ausdruck "Mitglieder des konsularischen Personals" bezeichnet die Konsularbeamten mit Ausnahme des Leiters der konsularischen Vertretung, die Bediensteten des Verwaltungs- oder technischen Personals und die Mitglieder des dienstlichen Hauspersonals;
i) der Ausdruck "Mitglied des Privatpersonals" bezeichnet eine ausschließlich im privaten Dienst eines Mitglieds der konsularischen Vertretung beschäftigte Person;
j) der Ausdruck "konsularische Räumlichkeiten" bezeichnet ungeachtet der Eigentumsverhältnisse die Gebäude, die ausschließlich für die Zwecke der konsularischen Vertretung benutzt werden;
k) der Ausdruck "konsularische Archive" umfasst alle Papiere, Schriftstücke, Korrespondenzen, Bücher, Filme, Tonbänder und Register der konsularischen Vertretung sowie die Schlüsselmittel und Chiffriergeräte, die Karteien und die zum Schutz oder zur Aufbewahrung derselben bestimmten Einrichtungsgegenstände.
(2) Die Konsularbeamten sind in zwei Kategorien eingeteilt: Berufskonsularbeamte und Wahlkonsularbeamte. Kapitel II gilt für die von Berufskonsularbeamten geleiteten und Kapitel III für die von Wahlkonsularbeamten geleiteten konsularischen Vertretungen.
(3) Die Sonderstellung der Mitglieder konsularischen Vertretungen, die Angehörige des Empfangsstaates oder dort ständig ansässig sind, ist in Artikel 71 geregelt.

Kapitel I
Konsularische Beziehungen im Allgemeinen

Abschnitt I
Aufnahme und Pflege konsularischer Beziehungen

Art. 2
Aufnahme konsularischer Beziehungen

(1) Die Aufnahme konsularischer Beziehungen zwischen Staaten erfolgt in gegenseitigem Einvernehmen.

(2) Die Zustimmung zur Aufnahme diplomatischer Beziehungen zwischen zwei Staaten schließt, sofern keine gegenteilige Feststellung getroffen wird, die Zustimmung zur Aufnahme konsularischer Beziehungen ein.

(3) Der Abbruch diplomatischer Beziehungen hat nicht ohne weiteres den Abbruch konsularischer Beziehungen zur Folge.

Art. 3
Wahrnehmung konsularischer Aufgaben

Die konsularischen Aufgaben werden von konsularischen Vertretungen wahrgenommen. Sie werden auch von diplomatischen Missionen nach Maßgabe dieses Übereinkommens wahrgenommen.

Art. 4
Errichtung einer konsularischen Vertretung

(1) Eine konsularische Vertretung kann im Hoheitsgebiet des Empfangsstaats nur mit dessen Zustimmung errichtet werden.

(2) Sitz, Rang und Konsularbezirk der konsularischen Vertretung werden vom Entsendestaat bestimmt und bedürfen der Genehmigung des Empfangsstaats.

(3) Spätere Änderungen des Sitzes, des Ranges oder des Konsularbezirks der konsularischen Vertretung kann der Entsendestaat nur mit Zustimmung des Empfangsstaats vornehmen.

(4) Die Zustimmung des Empfangsstaats ist ebenfalls erforderlich, wenn ein Generalkonsulat oder ein Konsulat an einem anderen Ort als demjenigen, wo es selbst errichtet ist, ein Vizekonsulat oder eine Konsularagentur zu eröffnen wünscht.

Art. 5
Konsularische Aufgaben

Die konsularischen Aufgaben bestehen darin,

a) die Interessen des Entsendestaats sowie seiner Angehörigen, und zwar sowohl natürlicher als auch juristischer Personen, im Empfangsstaat innerhalb der völkerrechtlich zulässigen Grenzen zu schützen;

b) die Entwicklung kommerzieller, wirtschaftlicher, kultureller und wissenschaftlicher Beziehungen zwischen dem Entsendestaat und dem Empfangsstaat zu fördern und zwischen ihnen auch sonst nach Maßgabe dieses Übereinkommens freundschaftliche Beziehungen zu pflegen;

c) sich mit allen rechtmäßigen Mitteln über Verhältnisse und Entwicklungen im kommerziellen, wirtschaftlichen, kulturellen und wissenschaftlichen Leben des Empfangsstaats zu unterrichten, an die Regierung des Entsendestaats darüber zu berichten und interessierten Personen Auskünfte zu erteilen;

d) den Angehörigen des Entsendestaats Pässe und Reiseausweise und den Personen, die sich in den Entsendestaat zu begeben wünschen, Sichtvermerke oder entsprechende Urkunden auszustellen;

e) den Angehörigen des Entsendestaats, und zwar sowohl natürlichen als auch juristischen Personen, Hilfe und Beistand zu leisten;

f) notarielle, standesamtliche und ähnliche Befugnisse auszuüben sowie bestimmte Verwaltungsaufgaben wahrzunehmen, soweit die Gesetze und sonstigen Rechtsvorschriften des Empfangsstaates dem nicht entgegenstehen;

g) bei Nachlasssachen im Hoheitsgebiet des Empfangsstaats die Interessen von Angehörigen des Entsendestaats, und zwar sowohl natürlicher als auch juristischer Personen, nach Maßgabe der Gesetze und sonstigen Rechtsvorschriften des Empfangsstaats zu wahren;

h) im Rahmen der Gesetze und sonstigen Rechtsvorschriften des Empfangsstaats die Interessen minderjähriger und anderer nicht voll geschäftsfähiger Angehöriger des Entsendestaats zu wahren, insbesondere wenn für sie eine Vormundschaft oder Pflegschaft erforderlich ist;

i) vorbehaltlich der im Empfangsstaat geltenden Gepflogenheiten und Verfahren die Angehörigen des Entsendestaats vor den Gerichten und Behörden des Empfangsstaats zu vertreten oder für ihre angemessene Vertretung zu sorgen, um entsprechend den Gesetzen und sonstigen Rechtsvorschriften des Empfangsstaats vorläufige Maßnahmen zur Wahrung der Rechte und Interessen dieser Staatsangehörigen zu erwirken, wenn diese wegen Abwesenheit oder aus einem anderen Grund ihre Rechte und Interessen nicht selbst rechtzeitig verteidigen können;

j) gerichtliche und außergerichtliche Urkunden zu übermitteln und Rechtshilfeersuchen zu erledigen, soweit dies geltenden internationalen Übereinkünften entspricht oder, in Ermangelung solcher, mit den Gesetzen und sonstigen Rechtsvorschriften des Empfangsstaats vereinbar ist;

k) die in den Gesetzen und sonstigen Rechtsvorschriften des Entsendestaats vorgesehenen Rechte zur Kontrolle und Aufsicht über die See- und Binnenschiffe, welche die Staatszugehörigkeit des Entsendestaats besitzen, und über die in diesem

Staat registrierten Luftfahrzeuge sowie über die Besatzungen dieser Schiffe und Luftfahrzeuge auszuüben;

l) den unter Buchstabe k bezeichneten Schiffen und Luftfahrzeugen sowie ihren Besatzungen Hilfe zu leisten, Erklärungen über die Reise dieser Schiffe entgegenzunehmen, Schiffspapiere zu prüfen und zu stempeln, unbeschadet der Befugnisse der Behörden des Empfangsstaats Erhebungen über Vorfälle während der Reise durchzuführen und, soweit dies nach den Gesetzen und sonstigen Rechtsvorschriften des Entsendestaats zulässig ist, Streitigkeiten jeder Art zwischen Kapitän, Offizieren und Mannschaften beizulegen;

m) alle anderen der konsularischen Vertretung vom Entsendestaat zugewiesenen Aufgaben wahrzunehmen, die nicht durch Gesetze und sonstige Rechtsvorschriften des Empfangsstaats verboten sind oder gegen die der Empfangsstaat keinen Einspruch erhebt oder die in den zwischen dem Entsendestaat und dem Empfangsstaat in Kraft befindlichen internationalen Übereinkünften erwähnt sind.

Art. 6
Wahrnehmung konsularischer Aufgaben außerhalb des Konsularbezirks

Unter besonderen Umständen kann ein Konsularbeamter mit Zustimmung des Empfangsstaats seine Aufgaben auch außerhalb seines Konsularbezirks wahrnehmen.

Art. 7
Wahrnehmung konsularischer Aufgaben in einem dritten Staat

Der Entsendestaat kann nach einer Notifikation an die beteiligten Staaten eine in einem Staat errichtete konsularische Vertretung auch mit der Wahrnehmung konsularischer Aufgaben in einem anderen Staat beauftragen, es sei denn, dass einer der beteiligten Staaten ausdrücklich Einspruch erhebt.

Art 8
Wahrnehmung konsularischer Aufgaben für einen dritten Staat

Nach einer angemessenen Notifikation an den Empfangsstaat kann, sofern dieser keinen Einspruch erhebt, eine konsularische Vertretung des Entsendestaats im Empfangsstaat konsularische Aufgaben auch für einen dritten Staat wahrnehmen.

Art. 9
Klassen der Leiter konsularischer Vertretungen

(1) Die Leiter konsularischer Vertretungen sind in folgende vier Klassen eingeteilt:
a) Generalkonsuln,
b) Konsuln,
c) Vizekonsuln,
d) Konsularagenten.
(2) Absatz 1 schränkt das Recht einer Vertragspartei nicht ein, die Amtsbezeichnung derjenigen Konsularbeamten festzusetzen, die nicht Leiter konsularischer Vertretungen sind.

Art. 10
Bestellung und Zulassung von Leitern konsularischer Vertretungen

(1) Die Leiter konsularischer Vertretungen werden vom Entsendestaat bestellt und vom Empfangsstaat zur Wahrnehmung ihrer Aufgaben zugelassen.

(2) Vorbehaltlich dieses Übereinkommens bestimmen sich die Förmlichkeiten der Bestellung und der Zulassung des Leiters einer konsularischen Vertretung nach den Gesetzen und sons-

tigen Rechtsvorschriften sowie der Übung des Entsendestaats und des Empfangsstaats.

Art. 11
Bestallungsschreiben oder Notifikation der Bestellung

(1) Der Entsendestaat versieht den Leiter einer konsularischen Vertretung mit einer Urkunde in Form eines Bestallungsschreibens oder eines entsprechenden Schriftstücks; die Urkunde wird für jede Bestellung ausgestellt; darin wird seine Eigenschaft bescheinigt und in der Regel sein Name und seine Vornamen, seine Kategorie und seine Klasse, der Konsularbezirk und der Sitz der konsularischen Vertretung angegeben.

(2) Der Entsendestaat übermittelt das Bestallungsschreiben oder das entsprechende Schriftstück auf diplomatischem oder einem anderen geeigneten Wege an die Regierung des Staates, in dessen Hoheitsgebiet der Leiter der konsularischen Vertretung seine Aufgaben wahrnehmen soll.

(3) Mit Zustimmung des Empfangsstaats kann der Entsendestaat das Bestallungsschreiben oder das entsprechende Schriftstück durch eine Notifikation ersetzen, welche die in Absatz 1 vorgesehenen Angaben enthält.

Art. 12
Exequatur

(1) Der Leiter einer konsularischen Vertretung wird zur Wahrnehmung seiner Aufgaben durch eine Ermächtigung des Empfangsstaats zugelassen, die unabhängig von ihrer Form als "Exequatur" bezeichnet wird.

(2) Lehnt ein Staat es ab, ein Exequatur zu erteilen, so ist er nicht verpflichtet, dem Entsendestaat die Gründe hierfür mitzuteilen.

(3) Vorbehaltlich der Artikel 13 und 15 kann der Leiter einer konsularischen Vertretung sein Amt nicht antreten, bevor er das Exequatur erhalten hat.

Art. 13
Vorläufige Zulassung des Leiters einer konsularischen Vertretung

Bis zur Erteilung des Exequaturs kann der Leiter einer konsularischen Vertretung zur Wahrnehmung seiner Aufgaben vorläufig zugelassen werden. In diesem Falle findet dieses Übereinkommen Anwendung.

Art. 14
Notifizierung an die Behörden des Konsularbezirks

Sobald der Leiter einer konsularischen Vertretung - wenn auch nur vorläufig - zur Wahrnehmung seiner Aufgaben zugelassen ist, hat der Empfangsstaat sofort die zuständigen Behörden des Konsularbezirks zu unterrichten. Er hat ferner dafür zu sorgen, daß die erforderlichen Maßnahmen getroffen werden, damit der Leiter der konsularischen Vertretung seine dienstlichen Obliegenheiten wahrnehmen und die in diesem Übereinkommen vorgesehene Behandlung genießen kann.

Art. 15
Vorübergehende Wahrnehmung der Aufgaben des Leiters einer konsularischen Vertretung

(1) Ist der Leiter einer konsularischen Vertretung außerstande, seine Aufgaben wahrzunehmen, oder ist sein Posten unbesetzt, so kann ein anderer vorübergehend als amtierender Leiter der konsularischen Vertretung tätig sein.

(2) Namen und Vornamen des amtierenden Leiters notifiziert die diplomatische Mission des Entsendestaats oder, wenn es eine solche im Empfangsstaat nicht gibt, der Leiter der konsu-

larischen Vertretung oder, wenn dieser verhindert ist, eine zuständige Behörde des Entsendestaats dem Ministerium für Auswärtige Angelegenheiten des Empfangsstaats oder der von diesem Ministerium bezeichneten Behörde. In der Regel hat diese Notifizierung im voraus zu erfolgen. Der Empfangsstaat kann es von seiner Zustimmung abhängig machen, ob er als amtierenden Leiter eine Person zulassen will, die weder Diplomat noch Konsularbeamter des Entsendestaats im Empfangsstaat ist.

(3) Die zuständigen Behörden des Empfangsstaats haben dem amtierenden Leiter Beistand und Schutz zu gewähren. Während seiner Amtsführung wird dieses Übereinkommen auf ihn in gleicher Weise wie auf den Leiter der betreffenden konsularischen Vertretung angewendet, jedoch braucht der Empfangsstaat dem amtierenden Leiter diejenigen Erleichterungen, Vorrechte und Immunitäten nicht zu gewähren, die der Leiter der konsularischen Vertretung nur auf Grund von Voraussetzungen genießt, die der amtierende Leiter nicht erfüllt.

(4) Bestellt unter den in Absatz 1 erwähnten Umständen der Entsendestaat ein Mitglied des diplomatischen Personals seiner diplomatischen Mission im Empfangsstaat zum amtierenden Leiter der konsularischen Vertretung, so genießt dieser weiterhin diplomatische Vorrechte und Immunitäten, falls der Empfangsstaat keinen Einspruch erhebt.

Art. 16
Rangfolge der Leiter konsularischer Vertretungen

(1) Innerhalb jeder Klasse richtet sich die Rangfolge der Leiter konsularischer Vertretungen nach dem Tag, an dem ihnen das Exequatur erteilt worden ist.

(2) Ist jedoch der Leiter einer konsularischen Vertretung vor der Erteilung des Exequaturs zur Wahrnehmung seiner Aufga-

ben vorläufig zugelassen worden, so richtet sich seine Rangfolge nach dem Tag der vorläufigen Zulassung; diese Rangfolge bleibt nach Erteilung des Exequaturs erhalten.

(3) Haben zwei oder mehr Leiter konsularischer Vertretungen das Exequatur oder die vorläufige Zulassung an demselben Tag erhalten, so richtet sich die Rangfolge zwischen ihnen nach dem Tag, an welchem dem Empfangsstaat ihr Bestallungsschreiben oder das entsprechende Schriftstück vorgelegt worden oder die in Artikel 11 Absatz 3 vorgesehene Notifikation bei ihm eingegangen ist.

(4) Amtierende Leiter konsularischer Vertretungen sind allen Leitern konsularischer Vertretungen in der Rangfolge nachgeordnet. Zwischen ihnen richtet sich die Rangfolge nach dem Tag, an dem sie, wie in der Notifikation nach Artikel 15 Absatz 2 angegeben, ihre Aufgaben als amtierender Leiter übernommen haben.

(5) Wahlkonsularbeamte, die konsularische Vertretungen leiten, sind innerhalb jeder Klasse den Berufskonsularbeamten, die Leiter konsularischer Vertretungen sind, in der Rangfolge nachgeordnet; zwischen ihnen richtet sich die Rangfolge nach den vorstehenden Absätzen.

(6) Leiter konsularischer Vertretungen stehen in der Rangfolge vor Konsularbeamten, die nicht diese Stellung haben.

Art. 17
Vornahme diplomatischer Amtshandlungen durch Konsularbeamte

(1) In einem Staat, wo der Entsendestaat weder eine diplomatische Mission unterhält noch durch die diplomatische Mission eines dritten Staates vertreten ist, kann mit Zustimmung des Empfangsstaats ein Konsularbeamter beauftragt werden, diplomatische Amtshandlungen vorzunehmen, ohne dass dies

seine Stellung als Konsularbeamten berührt. Die Vornahme solcher Amtshandlungen durch einen Konsularbeamten verleiht diesem keinen Anspruch auf diplomatische Vorrechte und Immunitäten.

(2) Ein Konsularbeamter kann nach einer Notifikation an den Empfangsstaat den Entsendestaat bei jeder zwischenstaatlichen Organisation vertreten. Handelt er in dieser Eigenschaft, so hat er Anspruch auf alle Vorrechte und Immunitäten, die einem Vertreter bei einer zwischenstaatlichen Organisation auf Grund des Völkergewohnheitsrechts oder internationaler Übereinkünfte zustehen; soweit er jedoch konsularische Aufgaben wahrnimmt, hat er keinen Anspruch auf eine weitergehende Immunität von der Gerichtsbarkeit, als einem Konsularbeamten auf Grund dieses Übereinkommens zusteht.

Art. 18
Bestellung derselben Person zum Konsularbeamten durch zwei oder mehr Staaten

Zwei oder mehr Staaten können mit Zustimmung des Empfangsstaats dieselbe Person zum Konsularbeamten in diesem Staat bestellen.

Art. 19
Bestellung der Mitglieder des konsularischen Personals

(1) Vorbehaltlich der Artikel 20, 22 und 23 bestellt der Entsendestaat die Mitglieder des konsularischen Personals nach freiem Ermessen.

(2) Namen und Vornamen, Kategorie und Klasse aller Konsularbeamten, die nicht Leiter einer konsularischen Vertretung sind, notifiziert der Entsendestaat dem Empfangsstaat so rechtzeitig, dass dieser, falls er es wünscht, die ihm in Artikel 23 Absatz 3 gewährten Rechte ausüben kann.

(3) Der Entsendestaat kann, wenn es seine Gesetze und sonstigen Rechtsvorschriften erfordern, den Empfangsstaat bitten, einem Konsularbeamten, der nicht Leiter einer konsularischen Vertretung ist, ein Exequatur zu erteilen.

(4) Der Empfangsstaat kann, wenn es seine Gesetze und sonstigen Rechtsvorschriften erfordern, einem Konsularbeamten, der nicht Leiter einer konsularischen Vertretung ist, ein Exequatur erteilen.

Art. 20
Personalbestand der konsularischen Vertretung

Ist keine ausdrückliche Vereinbarung über den Personalbestand der konsularischen Vertretung getroffen worden, so kann der Empfangsstaat verlangen, dass dieser Bestand in den Grenzen gehalten wird, die er in Anbetracht der im Konsularbezirk vorliegenden Umstände und Verhältnisse sowie der Bedürfnisse der betreffenden konsularischen Vertretung für angemessen und normal hält

Art. 21
Rangfolge der Konsularbeamten einer konsularischen Vertretung

Die Rangfolge der Konsularbeamten einer konsularischen Vertretung und jede Änderung dieser Rangfolge notifiziert die diplomatische Mission des Entsendestaats oder, wenn es eine solche im Empfangsstaat nicht gibt, der Leiter der konsularischen Vertretung dem Ministerium für Auswärtige Angelegenheiten des Empfangsstaats oder der von diesem Ministerium bezeichneten Behörde.

Art. 22
Staatsangehörigkeit der Konsularbeamten

(1) Konsularbeamte sollen grundsätzlich Angehörige des Entsendestaats sein.

(2) Angehörige des Empfangsstaats dürfen nur mit dessen ausdrücklicher Zustimmung zu Konsularbeamten bestellt werden; die Zustimmung kann jederzeit widerrufen werden.

(3) Der Empfangsstaat kann sich das gleiche Recht in Bezug auf Angehörige eines dritten Staates vorbehalten, die nicht gleichzeitig Angehörige des Entsendestaats sind.

Art. 23
Erklärung zur persona non grata

(1) Der Empfangsstaat kann dem Entsendestaat jederzeit notifizieren, dass ein Konsularbeamter persona non grata oder dass ein anderes Mitglied des konsularischen Personals ihm nicht genehm ist. In diesen Fällen hat der Entsendestaat die betreffende Person entweder abzuberufen oder ihre dienstliche Tätigkeit bei der konsularischen Vertretung zu beenden.

(2) Weigert sich der Entsendestaat oder unterlässt er es innerhalb einer angemessenen Frist, seinen Verpflichtungen auf Grund des Absatzes 1 nachzukommen, so kann der Empfangsstaat entweder der betreffenden Person das Exequatur entziehen oder sie nicht weiterhin als Mitglied konsularischen Personals betrachten.

(3) Eine zum Mitglied einer konsularischen Vertretung bestellte Person kann als nicht genehm erklärt werden, bevor sie im Hoheitsgebiet des Empfangsstaats eintrifft oder, wenn sie sich bereits dort befindet, bevor sie ihre dienstliche Tätigkeit in der konsularischen Vertretung aufnimmt. In diesen Fällen hat der Entsendestaat die Bestellung rückgängig zu machen.

(4) In den in den Absätzen 1 und 3 genannten Fällen ist der Empfangsstaat nicht verpflichtet, dem Entsendestaat die Gründe für seine Entscheidung mitzuteilen.

Art. 24
Notifizierung der Bestellungen, Ankünfte und Abreisen an den Empfangsstaat

(1) Dem Ministerium für Auswärtige Angelegenheiten des Empfangsstaats oder der von diesem Ministerium bezeichneten Behörde ist folgendes zu notifizieren:

a) die Bestellung von Mitgliedern einer konsularischen Vertretung, ihre Ankunft nach dieser Bestellung, ihre endgültige Abreise oder die Beendigung ihrer dienstlichen Tätigkeit sowie alle sonstigen ihre Stellung betreffenden Änderungen, die während ihrer Tätigkeit in der konsularischen Vertretung erfolgen;

b) die Ankunft und die endgültige Abreise eines im gemeinsamen Haushalt mit einem Mitglied einer konsularischen Vertretung lebenden Familienangehörigen und gegebenenfalls die Tatsache, dass eine Person Familienangehöriger wird oder diese Eigenschaft verliert;

c) die Ankunft und die endgültige Abreise von Mitgliedern des Privatpersonals und gegebenenfalls ihr Ausscheiden aus diesem Dienst;

d) die Anstellung und die Entlassung von im Empfangsstaat ansässigen Personen als Mitglied der konsularischen Vertretung oder als Mitglied des Privatpersonals mit Anspruch auf Vorrechte und Immunitäten.

(2) Die Ankunft und die endgültige Abreise sind nach Möglichkeit im Voraus zu notifizieren.

Abschnitt II
Beendigung der konsularischen Tätigkeit

Art. 25
Beendigung der dienstlichen Tätigkeit eines Mitglieds einer konsularischen Vertretung

Die dienstliche Tätigkeit eines Mitglieds einer konsularischen Vertretung wird unter anderem dadurch beendet,

a) dass der Entsendestaat dem Empfangsstaat die Beendigung seiner dienstlichen Tätigkeit notifiziert,

b) dass das Exequatur entzogen wird, oder

c) dass der Empfangsstaat dem Entsendestaat notifiziert, er betrachte die betreffende Person nicht mehr als Mitglied des konsularischen Personals.

Art. 26
Abreise aus dem Hoheitsgebiet des Empfangsstaats

Der Empfangsstaat gewährt, auch im Fall eines bewaffneten Konflikts, den Mitgliedern der konsularischen Vertretung und des Privatpersonals, die nicht seine Staatsangehörigen sind, sowie den mit ihnen im gemeinsamen Haushalt lebenden Familienmitgliedern ungeachtet ihrer Staatsangehörigkeit die Zeit und die Erleichterungen, die erforderlich sind, damit sie ihre Abreise vorbereiten und sein Hoheitsgebiet so bald wie möglich nach Beendigung ihrer dienstlichen Tätigkeit verlassen können. Insbesondere stellt er ihnen im Bedarfsfall die benötigten Beförderungsmittel für sie selbst und ihre Vermögensgegenstände mit Ausnahme derjenigen zur Verfügung, die im Empfangsstaat erworben worden sind und deren Ausfuhr im Zeitpunkt der Abreise verboten ist.

Art. 27
Schutz der konsularischen Räumlichkeiten und Archive sowie der Interessen des Entsendestaats unter außergewöhnlichen Umständen

(1) Werden die konsularischen Beziehungen zwischen zwei Staaten abgebrochen,

a) so hat der Empfangsstaat, auch im Fall eines bewaffneten Konflikts, die konsularischen Räumlichkeiten, das Vermögen der konsularischen Vertretung und die konsularischen Archive zu achten und zu schützen;

b) so kann der Entsendestaat einem dem Empfangsstaat genehmen dritten Staat die Obhut der konsularischen Räumlichkeiten, des darin befindlichen Vermögens und der konsularischen Archive übertragen;

c) so kann der Entsendestaat einem dem Empfangsstaat genehmen dritten Staat den Schutz seiner Interessen und derjenigen seiner Angehörigen übertragen.

(2) Wird eine konsularische Vertretung vorübergehend oder endgültig geschlossen, so findet Absatz 1 Buchstabe a Anwendung. Ferner gilt folgendes:

a) Besitzt der Entsendestaat, obwohl er im Empfangsstaat nicht durch eine diplomatische Mission vertreten ist, in dessen Hoheitsgebiet noch eine andere konsularische Vertretung, so kann dieser die Obhut der Räumlichkeiten der geschlossenen konsularischen Vertretung, des darin befindlichen Vermögens und der konsularischen Archive sowie mit Zustimmung des Empfangsstaats die Wahrnehmung der konsularischen Aufgaben im Amtsbezirk der geschlossenen konsularischen Vertretung übertragen werden;

b) besitzt der Entsendestaat im Empfangsstaat weder eine diplomatische Mission noch eine andere konsularische Vertretung, so findet Absatz 1 Buchstaben b und c Anwendung.

Kapitel II
Erleichterungen, Vorrechte und Immunitäten für konsularische Vertretungen, Berufskonsularbeamte und sonstige Mitglieder einer konsularischen Vertretung

Abschnitt I
Erleichterungen, Vorrechte und Immunitäten für die konsularische Vertretung

Art. 28
Erleichterungen für die Tätigkeit der konsularischen Vertretung

Der Empfangsstaat gewährt der konsularischen Vertretung jede Erleichterung zur Wahrnehmung ihrer Aufgaben.

Art. 29
Benutzung der Nationalflagge und des Staatswappens

(1) Der Entsendestaat ist berechtigt seine Nationalflagge und sein Wappen nach Maßgabe dieses Artikels im Empfangsstaat zu benutzen.

(2) Die Nationalflagge und das Wappen des Entsendestaats können dem Gebäude, in welchem sich die konsularische Vertretung befindet, und an dessen Eingangstür, an der Residenz des Leiters der konsularischen Vertretung sowie an sei-

nen Beförderungsmitteln, wenn dienstlich benutzt, geführt werden.

(3) Bei der Ausübung des in diesem Artikel gewährten Rechts sind die Gesetze und sonstigen Rechtsvorschriften sowie die Übung des Empfangsstaats zu berücksichtigen.

Art. 30
Unterbringung

(1) Der Empfangsstaat erleichtert nach Maßgabe seiner Gesetze und sonstigen Rechtsvorschriften dem Entsendestaat den Erwerb der für dessen konsularische Vertretung in seinem Hoheitsgebiet benötigten Räumlichkeiten oder hilft ihm, sich auf andere Weise Räumlichkeiten zu beschaffen.

(2) Erforderlichenfalls hilft der Empfangsstaat ferner der konsularischen Vertretung bei der Beschaffung geeigneten Wohnraums für ihre Mitlieder.

Art. 31
Unverletzlichkeit der konsularischen Räumlichkeiten

(1) Die konsularischen Räumlichkeiten sind in dem in diesem Artikel vorgesehenen Umfang unverletzlich.

(2) Die Behörden des Empfangsstaats dürfen den Teil der konsularischen Räumlichkeiten, den die konsularische Vertretung ausschließlich für ihre dienstlichen Zwecke benutzt, nur mit Zustimmung des Leiters der konsularischen Vertretung oder einer von ihm bestimmten Person oder des Chefs der diplomatischen Mission des Entsendestaats betreten. Jedoch kann bei Feuer oder einem anderen Unglück, wenn sofortige Schutzmaßnahmen erforderlich sind, die Zustimmung des Leiters der konsularischen Vertretung vermutet werden.

(3) Vorbehaltlich des Absatzes 2 hat der Empfangsstaat die besondere Pflicht, alle geeigneten Maßnahmen zu treffen, um

die konsularischen Räumlichkeiten vor jedem Eindringen und jeder Beschädigung zu schützen und um zu verhindern, dass der Friede der konsularischen Vertretung gestört oder ihre Würde beeinträchtigt wird.

(4) Die konsularischen Räumlichkeiten, ihre Einrichtung, das Vermögen der konsularischen Vertretung und deren Beförderungsmittel genießen Immunität von jeder Beschlagnahme für Zwecke der Landesverteidigung oder des öffentlichen Wohls. Ist für solche Zwecke eine Enteignung notwendig, so werden alle geeigneten Maßnahmen getroffen, damit die Wahrnehmung der konsularischen Aufgaben nicht behindert wird; dem Entsendestaat wird sofort eine angemessene und wirksame Entschädigung gezahlt.

Art. 32
Befreiung der konsularischen Räumlichkeiten von der Besteuerung

(1) Die konsularischen Räumlichkeiten und die Residenz des eine konsularische Vertretung leitenden Berufskonsularbeamten, die im Eigentum des Entsendestaats oder einer für diesen handelnden Person stehen oder von ihnen gemietet oder gepachtet sind, sind von allen staatlichen, regionalen und kommunalen Steuern oder sonstigen Abgaben befreit, soweit diese nicht als Vergütung für bestimmte Dienstleistungen erhoben werden.

(2) Die in Absatz 1 vorgesehene Steuerbefreiung gilt nicht für diese Steuern und sonstigen Abgaben, wenn sie nach den Gesetzen und sonstigen Rechtsvorschriften des Empfangsstaats von einer Person zu entrichten sind, die mit dem Entsendestaat oder der für diesen handelnden Person Verträge geschlossen hat.

Art. 33
Unverletzlichkeit der konsularischen Archive und Schriftstücke

Die konsularischen Archive und Schriftstücke sind jederzeit unverletzlich, wo immer sie sich befinden.

Art. 34
Bewegungsfreiheit

Vorbehaltlich seiner Gesetze und sonstigen Rechtsvorschriften über Zonen, deren Betreten aus Gründen der nationalen Sicherheit verboten oder geregelt ist, gewährleistet der Empfangsstaat allen Mitgliedern der konsularischen Vertretung volle Bewegungs- und Reisefreiheit in seinem Hoheitsgebiet.

Art. 35
Verkehrsfreiheit

(1) Der Empfangsstaat gestattet und schützt den freien Verkehr der konsularischen Vertretung für alle amtlichen Zwecke. Die konsularische Vertretung kann sich im Verkehr mit der Regierung, den diplomatischen Missionen und den anderen konsularischen Vertretungen des Entsendestaats, wo immer sie sich befinden, aller geeigneten Mittel einschließlich diplomatischer oder konsularischer Kuriere, diplomatischen oder konsularischen Kuriergepäcks und verschlüsselter Nachrichten bedienen. Das Errichten und Betreiben einer Funksendeanlage ist der konsularischen Vertretung jedoch nur mit Zustimmung des Empfangsstaats gestattet.

(2) Die amtliche Korrespondenz der konsularischen Vertretung ist unverletzlich. Als "amtliche Korrespondenz" gilt die gesamte Korrespondenz, welche die konsularische Vertretung und ihre Aufgaben betrifft.

(3) Das konsularische Kuriergepäck darf weder geöffnet noch zurückgehalten werden. Haben jedoch die zuständigen Behörden des Empfangsstaats triftige Gründe für die Annahme, dass das Gepäck etwas anderes als Korrespondenz, Schriftstücke und Gegenstände im Sinne von Absatz 4 enthält, so können sie verlangen, dass ein ermächtigter Vertreter des Entsendestaats es in ihrer Gegenwart öffnet. Lehnen die Behörden des Entsendestaats dieses Verlangen ab, so wird das Gepäck an seinen Ursprungsort zurückbefördert.

(4) Gepäckstücke, die das konsularische Kuriergepäck bilden, müssen äußerlich sichtbar als solche gekennzeichnet sein; sie dürfen nur die amtliche Korrespondenz sowie ausschließlich für den amtlichen Gebrauch bestimmte Schriftstücke oder Gegenstände enthalten.

(5) Der konsularische Kurier muss ein amtliches Schriftstück mit sich führen, aus dem seine Stellung und die Anzahl der Gepäckstücke ersichtlich sind, die das konsularische Kuriergepäck bilden. Außer mit Zustimmung des Empfangsstaats darf er weder ein Angehöriger des Empfangsstaats noch, wenn er nicht Angehöriger des Entsendestaats ist, im Empfangsstaat ständig ansässig sein. Bei der Wahrnehmung seiner Aufgaben wird dieser Kurier vom Empfangsstaat geschützt. Er genießt persönliche Unverletzlichkeit und unterliegt keiner Festnahme oder Haft irgendwelcher Art.

(6) Der Entsendestaat, seine diplomatischen Missionen und seine konsularischen Vertretungen können konsularische Kuriere ad hoc ernennen. Auch in diesen Fällen gilt Absatz 5; jedoch finden die darin erwähnten Immunitäten keine Anwendung mehr, sobald der Kurier das ihm anvertraute konsularische Kuriergepäck dem Empfänger ausgehändigt hat.

(7) Konsularisches Kuriergepäck kann dem Kapitän eines Seeschiffes oder eines gewerblichen Luftfahrzeugs anvertraut werden, dessen Bestimmungsort ein zugelassener Einreisehafen oder -flugplatz ist. Der Kapitän muss ein amtliches Schriftstück mit sich führen, aus dem die Anzahl der Gepäckstücke ersichtlich ist, die das Kuriergepäck bilden; er gilt jedoch nicht als konsularischer Kurier. Auf Grund einer Abmachung mit den zuständigen Ortsbehörden kann die konsularische Vertretung eines ihrer Mitglieder entsenden, um das Kuriergepäck unmittelbar und ungehindert von dem Kapitän des Seeschiffes oder Luftfahrzeugs entgegenzunehmen.

Art. 36
Verkehr mit Angehörigen des Entsendestaats

(1) Um die Wahrnehmung konsularischer Aufgaben in Bezug auf Angehörige des Entsendestaats zu erleichtern, gilt folgendes:

a) Den Konsularbeamten steht es frei, mit Angehörigen des Entsendestaats zu verkehren und sie aufzusuchen. Angehörigen des Entsendestaats steht es in gleicher Weise frei, mit den Konsularbeamten ihres Staates zu verkehren und sie aufzusuchen;

b) die zuständigen Behörden des Empfangsstaats haben die konsularische Vertretung des Entsendestaats auf Verlangen des Betroffenen unverzüglich zu unterrichten, wenn in deren Konsularbezirk ein Angehöriger dieses Staates festgenommen, in Straf- oder Untersuchungshaft genommen oder ihm anderweitig die Freiheit entzogen ist. Jede von dem Betroffenen an die konsularische Vertretung gerichtete Mitteilung haben die genannten Behörden ebenfalls unverzüglich weiterzuleiten. Diese Behörden haben den Betroffenen unverzüglich über seine Rechte auf Grund dieser Bestimmung zu unterrichten;

c) Konsularbeamte sind berechtigt, einen Angehörigen des Entsendestaats aufzusuchen, der sich in Straf- oder Untersuchungshaft befindet oder dem anderweitig die Freiheit entzogen ist, mit ihm zu sprechen und zu korrespondieren, sowie für seine Vertretung in rechtlicher Hinsicht zu sorgen. Sie sind ferner berechtigt, einen Angehörigen des Entsendestaats aufzusuchen, der sich in ihrem Konsularbezirk auf Grund eines Urteils in Strafhaft befindet oder dem auf Grund einer gerichtlichen Entscheidung anderweitig die Freiheit entzogen ist. Jedoch dürfen Konsularbeamte nicht für einen Staatsangehörigen tätig werden, der in Straf- oder Untersuchungshaft genommen oder dem anderweitig die Freiheit entzogen ist, wenn er ausdrücklich Einspruch dagegen erhebt.

(2) Die in Absatz 1 genannten Rechte sind nach Maßgabe der Gesetze und sonstigen Rechtsvorschriften des Empfangsstaats auszuüben; hierbei wird jedoch vorausgesetzt, dass diese Gesetze und sonstigen Rechtsvorschriften es ermöglichen müssen, die Zwecke vollständig zu verwirklichen, für welche die in diesem Artikel vorgesehenen Rechte eingeräumt werden.

Art. 37
Benachrichtigung bei Todesfällen, Vormundschaften oder Pflegschaften, bei Schiffbruch und Flugzeugunglücken

Verfügen die zuständigen Behörden des Empfangsstaats über die entsprechenden Auskünfte, so sind sie verpflichtet,

a) beim Tod eines Angehörigen des Entsendestaats unverzüglich die konsularische Vertretung zu benachrichtigen, in deren Amtsbezirk der Todesfall eingetreten ist;

b) die zuständige konsularische Vertretung unverzüglich von allen Fällen zu benachrichtigen, in denen die Bestellung eines Vormunds oder Pflegers im Interesse eines minderjährigen oder anderen nicht voll geschäftsfähigen Angehörigen des

Entsendestaats angebracht erscheint. Die Benachrichtigung lässt jedoch die Anwendung der Gesetze und sonstigen Rechtsvorschriften des Empfangsstaats auf diese Bestellung unberührt;

c) unverzüglich die dem Ort des Unglücks am nächsten gelegene konsularische Vertretung zu benachrichtigen, wenn ein Schiff, das die Staatszugehörigkeit des Entsendestaats besitzt, im Küstenmeer oder in den inneren Gewässern des Empfangsstaats Schiffbruch erleidet oder auf Grund läuft oder wenn ein im Entsendestaat registriertes Luftfahrzeug im Hoheitsgebiet des Empfangsstaats verunglückt.

Art. 38
Verkehr mit den Behörden des Empfangsstaates

Bei der Wahrnehmung ihrer Aufgaben können sich die Konsularbeamten

a) an die zuständigen örtlichen Behörden ihres Konsularbezirks sowie

b) an die zuständigen Zentralbehörden des Empfangsstaats wenden,

wenn und soweit letzteres auf Grund der Gesetze und sonstigen Rechtsvorschriften sowie der Übung des Empfangsstaats oder auf Grund entsprechender internationaler Übereinkünfte zulässig ist.

Art. 39
Konsulargebühren und -kosten

(1) Die konsularische Vertretung kann im Hoheitsgebiet des Empfangsstaats die in den Gesetzen und sonstigen Rechtsvorschriften des Entsendestaats für konsularische Amtshandlungen vorgesehenen Gebühren und Kosten erheben.

(2) Die vereinnahmten Beträge der in Absatz 1 genannten Gebühren und Kosten und die hierüber ausgestellten Quittungen sind im Empfangsstaat von allen Steuern und sonstigen Abgaben befreit.

Abschnitt II
Erleichterungen, Vorrechte und Immunitäten für Berufskonsularbeamte und andere Mitglieder der konsularischen Vertretung

Art. 40
Schutz der Konsularbeamten

Der Empfangsstaat behandelt die Konsularbeamten mit gebührender Achtung und trifft alle geeigneten Maßnahmen, um jeden Angriff auf ihre Person, ihre Freiheit oder ihre Würde zu verhindern.

Art. 41
Persönliche Unverletzlichkeit der Konsularbeamten

(1) Konsularbeamte unterliegen keiner Festnahme oder Untersuchungshaft, es sei denn wegen einer schweren strafbaren Handlung und auf Grund einer Entscheidung der zuständigen Justizbehörde.

(2) Außer in dem in Absatz 1 genannten Fall dürfen Konsularbeamte weder inhaftiert noch auf andere Weise in ihrer persönlichen Freiheit beschränkt werden, es sei denn in Vollstreckung einer rechtskräftigen gerichtlichen Entscheidung.

(3) Wird gegen einen Konsularbeamten ein Strafverfahren eingeleitet, so hat er vor den zuständigen Behörden zu erscheinen. Jedoch ist das Verfahren mit der ihm auf Grund seiner amtlichen Stellung gebührenden Rücksicht und, außer in dem

in Absatz 1 vorgesehenen Fall, in einer Weise zu führen, welche die Wahrnehmung der konsularischen Aufgaben möglichst wenig beeinträchtigt. Ist es unter den in Absatz 1 genannten Umständen notwendig geworden, einen Konsularbeamten in Untersuchungshaft zu nehmen, so ist das Verfahren gegen ihn in kürzester Frist einzuleiten.

Art. 42
Benachrichtigung über Festnahme, Untersuchungshaft oder Strafverfolgung

Wird ein Mitglied des konsularischen Personals festgenommen, in Untersuchungshaft genommen oder wird ein Strafverfahren gegen dieses Mitglied eingeleitet, so hat der Empfangsstaat sofort den Leiter der konsularischen Vertretung zu benachrichtigen. Ist dieser selbst von einer der genannten Maßnahmen betroffen, so hat der Empfangsstaat den Entsendestaat auf diplomatischem Wege zu benachrichtigen.

Art. 43
Immunität von der Gerichtsbarkeit

(1) Konsularbeamte und Bedienstete des Verwaltungs- oder technischen Personals unterliegen wegen Handlungen, die in Wahrnehmung konsularischer Aufgaben vorgenommen worden sind, weder der Gerichtsbarkeit des Empfangsstaats noch Eingriffen seiner Verwaltungsbehörden.

(2) Absatz 1 wird jedoch nicht angewendet bei Zivilklagen,

a) wenn diese aus einem Vertrag entstehen, den ein Konsularbeamter oder ein Bediensteter des Verwaltungs- oder technischen Personals geschlossen hat, ohne dabei ausdrücklich oder sonst erkennbar im Auftrag des Entsendestaats zu handeln, oder

b) wenn diese von einem Dritten wegen eines Schadens angestrengt werden, der aus einem im Empfangsstaat durch ein Land-, Wasser- oder Luftfahrzeug verursachten Unfall entstanden ist.

Art. 44
Zeugnispflicht

(1) Mitglieder einer konsularischen Vertretung können in einem Gerichts- oder Verwaltungsverfahren als Zeugen geladen werden. Bedienstete des Verwaltungs- oder technischen Personals oder Mitglieder des dienstlichen Hauspersonals dürfen nur in den in Absatz 3 genannten Fällen das Zeugnis verweigern. Weigert sich ein Konsularbeamter auszusagen, so darf gegen ihn keine Zwangs- oder Strafmaßnahme getroffen werden.

(2) Die Behörde, welche das Zeugnis eines Konsularbeamten verlangt, darf ihn nicht bei der Wahrnehmung seiner Aufgaben behindern. Sie kann, soweit möglich, seine Aussage in seiner Wohnung oder in den Räumlichkeiten der konsularischen Vertretung, oder aber eine schriftliche Erklärung von ihm entgegennehmen.

(3) Mitglieder einer konsularischen Vertretung sind nicht verpflichtet, Zeugnis über Angelegenheiten zu geben, die mit der Wahrnehmung ihrer Aufgaben zusammenhängen, oder die darauf bezüglichen amtlichen Korrespondenzen und Schriftstücke vorzulegen. Sie sind auch berechtigt, die Aussage als Sachverständige über das Recht des Entsendestaats zu verweigern.

Art. 45
Verzicht auf Vorrechte und Immunitäten

(1) Der Entsendestaat kann hinsichtlich eines Mitglieds der

konsularischen Vertretung auf die in den Artikeln 41, 43 und 44 vorgesehenen Vorrechte und Immunitäten verzichten.

(2) Der Verzicht muss vorbehaltlich des Absatzes 3 stets ausdrücklich erklärt und dem Empfangsstaat schriftlich mitgeteilt werden.

(3) Strengt ein Konsularbeamter oder ein Bediensteter des Verwaltungs- oder technischen Personals ein Gerichtsverfahren in einer Sache an, in der er nach Maßgabe des Artikels 43 Immunität von der Gerichtsbarkeit genießen würde, so kann er sich in Bezug auf eine Widerklage, die mit der Hauptklage in unmittelbarem Zusammenhang steht, nicht auf die Immunität von der Gerichtsbarkeit berufen.

(4) Der Verzicht auf die Immunität von der Gerichtsbarkeit in einem Zivil- oder Verwaltungsgerichtsverfahren gilt nicht als Verzicht auf die Immunität von der Urteilsvollstreckung; hierfür ist ein besonderer Verzicht erforderlich.

Art. 46
Befreiung von der Ausländermeldepflicht und der Aufenthaltsgenehmigung

(1) Konsularbeamte und Bedienstete des Verwaltungs- oder technischen Personals sowie die mit ihnen im gemeinsamen Haushalt lebenden Familienmitglieder sind von allen in den Gesetzen und sonstigen Rechtsvorschriften des Empfangsstaats vorgesehenen Verpflichtungen in Bezug auf die Ausländermeldepflicht und die Aufenthaltsgenehmigung befreit.

(2) Absatz 1 gilt jedoch weder für Bedienstete des Verwaltungs- und technischen Personals, die nicht ständige Bedienstete des Entsendestaats sind oder die eine private Erwerbstätigkeit im Empfangsstaat ausüben, noch für ihre Familienmitglieder.

Art. 47
Befreiung von der Arbeitserlaubnis

(1) Mitglieder der konsularischen Vertretung sind in Bezug auf ihre Dienste für den Entsendestaat von allen in den Gesetzen und sonstigen Rechtsvorschriften des Empfangsstaats vorgesehenen Verpflichtungen hinsichtlich der Arbeitserlaubnis für ausländische Arbeitskräfte befreit.

(2) Mitglieder des Privatpersonals der Konsularbeamten und der Bediensteten des Verwaltungs- oder technischen Personals sind, wenn sie im Empfangsstaat keine andere private Erwerbstätigkeit ausüben, von den in Absatz 1 erwähnten Verpflichtungen befreit.

Art. 48
Befreiung vom System der sozialen Sicherheit

(1) Vorbehaltlich des Absatzes 3 sind die Mitglieder der konsularischen Vertretung in Bezug auf ihre Dienste für den Entsendestaat und die mit ihnen im gemeinsamen Haushalt lebenden Familienangehörigen von den im Empfangsstaat geltenden Vorschriften über soziale Sicherheit befreit.

(2) Die in Absatz 1 vorgesehene Befreiung gilt auch für die Mitglieder des Privatpersonals, die ausschließlich bei Mitgliedern der konsularischen Vertretung beschäftigt sind, sofern sie

a) weder Angehörige des Empfangsstaats noch dort ständig ansässig sind und

b) den im Entsendestaat oder in einem dritten Staat geltenden Vorschriften über soziale Sicherheit unterstehen.

(3) Beschäftigen Mitglieder der konsularischen Vertretung Personen, auf welche die in Absatz 2 vorgesehene Befreiung keine Anwendung findet, so haben sie die Verpflichtungen zu

beachten, welche die Vorschriften des Empfangsstaats über soziale Sicherheit den Arbeitgebern auferlegen.

(4) Die in den Absätzen 1 und 2 vorgesehene Befreiung schließt die freiwillige Beteiligung am System der sozialen Sicherheit des Empfangsstaats nicht aus, sofern dieser eine solche Beteiligung zulässt.

Art. 49
Befreiung von der Besteuerung

(1) Konsularbeamte und Bedienstete des Verwaltungs- und technischen Personals sowie die mit ihnen im gemeinsamen Haushalt lebenden Familienmitglieder sind von allen staatlichen, regionalen und kommunalen Personal- und Realsteuern oder -abgaben befreit; ausgenommen hiervon sind

a) die normalerweise im Preis von Waren oder Dienstleistungen enthaltenen indirekten Steuern;

b) Steuern und sonstige Abgaben von privatem, im Hoheitsgebiet des Empfangsstaats gelegenem unbeweglichem Vermögen, jedoch vorbehaltlich des Artikels 32;

c) Erbschaftssteuern und Abgaben vom Vermögensübergang, die der Empfangsstaat erhebt, jedoch vorbehaltlich des Artikels 51 Buchstabe b,

d) Steuern und sonstige Abgaben von privaten Einkünften einschließlich Veräußerungsgewinnen, deren Quelle sich im Empfangsstaat befindet, sowie Vermögenssteuern von Kapitalanlagen in gewerblichen oder Finanzunternehmen, die im Empfangsstaat gelegen sind;

e) Steuern, Gebühren und sonstige Abgaben, die als Vergütung für bestimmte Dienstleistungen erhoben werden;

f) Eintragungs-, Gerichts-, Beurkundungs-, Beglaubigungs-, Hypotheken- und Stempelgebühren, jedoch vorbehaltlich des Artikels 32.

(2) Die Mitglieder des dienstlichen Hauspersonals sind von Steuern und sonstigen Abgaben auf ihre Dienstbezüge befreit.

(3) Beschäftigen Mitglieder der konsularischen Vertretung Personen, deren Bezüge nicht von der Einkommenssteuer im Empfangsstaat befreit sind, so haben sie die Verpflichtungen einzuhalten, welche die Gesetze und sonstigen Rechtsvorschriften dieses Staates den Arbeitgebern in Bezug auf die Erhebung der Einkommensteuer auferlegen.

Art. 50
Befreiung von Zöllen und Zollkontrollen

(1) Nach Maßgabe seiner geltenden Gesetze und sonstigen Rechtsvorschriften gestattet der Empfangsstaat die Einfuhr der nachstehend genannten Gegenstände und befreit sie von allen Zöllen, Steuern und ähnlichen Abgaben mit Ausnahme von Gebühren für Einlagerung, Beförderung und ähnlicher Dienstleistungen:

a) Gegenstände für den amtlichen Gebrauch der konsularischen Vertretung;

b) Gegenstände für den persönlichen Gebrauch des Konsularbeamten und der mit ihm im gemeinsamen Haushalt lebenden Familienmitglieder, einschließlich der für seine Einrichtung vorgesehenen Gegenstände. Die zum Verbrauch bestimmten Gegenstände dürfen die für die unmittelbare Verwendung durch die Beteiligten erforderliche Menge nicht überschreiten.

(2) Die Bediensteten des Verwaltungs- oder technischen Personals genießen die in Absatz 1 vorgesehenen Vorrechte und

Befreiungen in Bezug auf Gegenstände, die anlässlich ihrer Ersteinrichtung eingeführt werden.

(3) Konsularbeamte und die mit ihnen im gemeinsamen Haushalt lebenden Familienmitglieder genießen Befreiung von der Zollkontrolle ihres mitgeführten persönlichen Gepäcks. Es darf nur kontrolliert werden, wenn triftige Gründe für die Vermutung vorliegen, dass es Gegenstände enthält, die in Absatz 1 Buchstabe b) nicht bezeichnet sind oder deren Ein- oder Ausfuhr nach den Gesetzen und sonstigen Rechtsvorschriften des Empfangsstaats verboten ist oder die dessen Gesetzen und sonstigen Rechtsvorschriften über Quarantäne unterliegen. In solchen Fällen darf die Kontrolle nur in Anwesenheit des Konsularbeamten oder des betreffenden Familienmitglieds stattfinden.

Art. 51
Nachlass eines Mitglieds der konsularischen Vertretung oder eines seiner Familienangehörigen

Stirbt ein Mitglied der konsularischen Vertretung oder ein mit ihm im gemeinsamen Haushalt lebender Familienangehöriger, so ist der Empfangsstaat verpflichtet,

a) die Ausfuhr des beweglichen Vermögens des Verstorbenen mit Ausnahme von im Empfangsstaat erworbenen Vermögensgegenständen, deren Ausfuhr im Zeitpunkt des Todesfalles verboten war, zu gestatten,

b) von dem beweglichen Vermögen, das sich nur deshalb im Empfangsstaat befindet, weil sich der Verstorbene als Mitglied der konsularischen Vertretung oder als Familienangehöriger eines solchen in diesem Staat aufhielt, keine staatlichen, regionalen oder kommunalen Erbschaftssteuern oder Abgaben vom Vermögen zu erheben.

Art. 52
Befreiung von persönlichen Dienstleistungen und Auflagen

Der Empfangsstaat befreit die Mitglieder der konsularischen Vertretung und die zu ihrem Haushalt gehörenden Familienmitglieder von allen persönlichen Dienstleistungen, von allen öffentlichen Dienstleistungen jeder Art und von militärischen Auflagen wie zum Beispiel Beschlagnahmen, Kontributionen und Einquartierungen.

Art. 53
Beginn und Ende konsularischer Vorrechte und Immunitäten

(1) Die in diesem Übereinkommen vorgesehenen Vorrechte und Immunitäten stehen den Mitgliedern der konsularischen Vertretung von dem Zeitpunkt an zu, in dem sie in das Hoheitsgebiet des Empfangsstaates einreisen, um dort ihren Posten anzutreten, oder, wenn sie sich bereits in seinem Hoheitsgebiet befinden, von dem Zeitpunkt an, in dem sie ihre dienstliche Tätigkeit in der konsularischen Vertretung aufnehmen.

(2) Den im gemeinsamen Haushalt mit einem Mitglied der konsularischen Vertretung lebenden Familienangehörigen sowie den Mitgliedern seines Privatpersonals stehen die in diesem Übereinkommen vorgesehenen Vorrechte und Immunitäten von dem Zeitpunkt an zu, in dem das Mitglied der konsularischen Vertretung nach Absatz 1 in den Genuss der Vorrechte und Immunitäten kommt oder in dem die Mitglieder der Familie oder des Privatpersonals in das Hoheitsgebiet des Empfangsstaats einreisen oder in dem sie Mitglied der Familie oder des Privatpersonals werden, je nachdem, welcher Zeitpunkt am spätesten liegt.

(3) Ist die dienstliche Tätigkeit eines Mitglieds einer konsularischen Vertretung beendet, so werden seine Vorrechte und

Immunitäten sowie diejenigen der mit ihm im gemeinsamen Haushalt lebenden Familienangehörigen und der Mitglieder seines Privatpersonals normalerweise im Zeitpunkt der Ausreise des Betreffenden aus dem Empfangsstaat oder nach Ablauf einer hierfür gewährten angemessenen Frist hinfällig, je nachdem, welcher Zeitpunkt früher liegt; bis zu diesem Zeitpunkt bleiben sie bestehen, und zwar auch im Fall eines bewaffneten Konflikts. Die Vorrechte und Immunitäten der in Absatz 2 bezeichneten Personen werden beim Ausscheiden aus dem Haushalt oder dem Privatpersonal eines Mitglieds der konsularischen Vertretung hinfällig; beabsichtigen sie jedoch, innerhalb einer angemessenen Frist aus dem Empfangsstaat auszureisen, so bleiben ihre Vorrechte und Immunitäten bis zu ihrer Ausreise bestehen.

(4) In Bezug auf die von einem Konsularbeamten oder einem Bediensteten des Verwaltungs- oder technischen Personals in Wahrnehmung seiner Aufgaben vorgenommenen Handlungen bleibt jedoch die Immunität von der Gerichtsbarkeit auf unbegrenzte Zeit bestehen.

(5) Stirbt ein Mitglied der konsularischen Vertretung, so genießen die mit ihm im gemeinsamen Haushalt lebenden Familienangehörigen weiterhin die ihnen zustehenden Vorrechte und Immunitäten bis zu ihrer Ausreise aus dem Empfangsstaat oder bis zum Ablauf einer hierfür gewährten angemessenen Frist, je nachdem, welcher Zeitpunkt früher liegt.

Art. 54
Verpflichtungen dritter Staaten

(1) Reist ein Konsularbeamter, um sein Amt anzutreten oder um auf seinen Posten oder in den Entsendestaat zurückzukehren, durch das Hoheitsgebiet eines dritten Staates oder befindet er sich aus einem der genannten Gründe im Hoheitsgebiet

dieses Staates, der ihm erforderlichenfalls einen Sichtvermerk erteilt hat, so gewährt ihm dieser Staat alle in den anderen Artikeln dieses Übereinkommens vorgesehenen Immunitäten, soweit sie für seine sichere Durchreise oder Rückkehr erforderlich sind. Das gleiche gilt, wenn im gemeinsamen Haushalt mit dem Konsularbeamten lebende Familienangehörige, denen Vorrechte und Immunitäten zustehen, ihn begleiten oder wenn sie getrennt von ihm reisen, um sich zu ihm zu begeben oder in den Entsendestaat zurückkehren.

(2) Unter den Voraussetzungen des Absatzes 1 dürfen dritte Staaten auch die Reise anderer Mitglieder der konsularischen Vertretung oder der mit ihnen im gemeinsamen Haushalt lebenden Familienangehörigen durch ihr Hoheitsgebiet nicht behindern.

(3) Dritte Staaten gewähren in Bezug auf die amtliche Korrespondenz und sonstige amtliche Mitteilungen im Durchgangsverkehr, einschließlich verschlüsselter Nachrichten, die gleiche Freiheit und den gleichen Schutz, die der Empfangsstaat auf Grund dieses Übereinkommens zu gewähren verpflichtet ist. Konsularischen Kurieren, denen erforderlichenfalls ein Sichtvermerk erteilt worden ist, und konsularischem Kuriergepäck im Durchgangsverkehr gewähren sie die gleiche Unverletzlichkeit und den gleichen Schutz, die der Empfangsstaat auf Grund dieses Übereinkommens zu gewähren verpflichtet ist.

(4) Die Verpflichtungen dritter Staaten auf Grund der Absätze 1, 2 und 3 gelten gegenüber den in jenen Absätzen bezeichneten Personen sowie in Bezug auf amtliche Mitteilungen und das konsularische Kuriergepäck auch dann, wenn sie sich infolge höherer Gewalt im Hoheitsgebiet des dritten Staates befinden.

Art. 55
Beachtung der Gesetze und sonstigen Rechtsvorschriften des Empfangsstaats

(1) Alle Personen, die Vorrechte und Immunitäten genießen, sind unbeschadet derselben verpflichtet, die Gesetze und sonstigen Rechtsvorschriften des Empfangsstaats zu beachten. Sie sind ferner verpflichtet, sich nicht in dessen innere Angelegenheiten einzumischen.

(2) Die konsularischen Räumlichkeiten dürfen nicht in einer Weise benutzt werden, die mit der Wahrnehmung der konsularischen Aufgaben unvereinbar ist.

(3) Absatz 2 schließt die Möglichkeit nicht aus, dass Büros anderer Institutionen oder Dienststellen in einem Teil des Gebäudes untergebracht werden, in dem sich die konsularischen Räumlichkeiten befinden; Voraussetzung hierfür ist, dass die Räumlichkeiten dieser Büros von den Räumlichkeiten getrennt sind, welche die konsularische Vertretung benutzt. In diesem Falle gelten diese Büros nicht als Teil der konsularischen Räumlichkeiten im Sinne dieses Übereinkommens.

Art. 56
Haftpflichtversicherung

Die Mitglieder der konsularischen Vertretung haben allen Verpflichtungen nachzukommen, die in den Gesetzen und sonstigen Rechtsvorschriften des Empfangsstaats in Bezug auf die Haftpflichtversicherung für die von ihnen benutzten Land-, Wasser- oder Luftfahrzeuge vorgesehen sind.

Art. 57
Sonderbestimmungen über private Erwerbstätigkeit

(1) Berufskonsularbeamte dürfen im Empfangsstaat keinen freien Beruf und keine gewerbliche Tätigkeit ausüben, die auf persönlichen Gewinn gerichtet sind.

(2) Die in diesem Kapitel vorgesehenen Vorrechte und Immunitäten werden folgenden Personen nicht gewährt:

a) Bediensteten des Verwaltungs- oder technischen Personals oder Mitgliedern des dienstlichen Hauspersonals, die im Empfangsstaat eine private Erwerbstätigkeit ausüben;

b) Mitgliedern der Familie oder des Privatpersonals der unter Buchstabe a bezeichneten Personen;

c) Familienangehörigen eines Mitglieds einer konsularischen Vertretung, die im Empfangsstaat eine private Erwerbstätigkeit ausüben.

Kapitel III
Regelung für Wahlkonsularbeamte und die von ihnen geleiteten konsularischen Vertretungen

Art. 58
Allgemeine Bestimmungen über Erleichterungen, Vorrechte und Immunitäten

(1) Die Artikel 28, 29, 30, 34, 35, 36, 37, 38 und 39, Artikel 54 Absatz 3 und Artikel 55 Absätze 2 und 3 gelten für konsularische Vertretungen, die von Wahlkonsularbeamten geleitet werden. Außerdem bestimmen sich die Erleichterungen, Vorrechte und Immunitäten dieser konsularischen Vertretungen nach den Artikeln 59, 60, 61 und 62.

(2) Die Artikel 42 und 43, Artikel 44 Absatz 3, die Artikel 45 und 53 und Artikel 55 Absatz 1 gelten für Wahlkonsularbeamte. Außerdem bestimmen sich die Erleichterungen, Vorrechte und Immunitäten dieser Konsularbeamten nach den Artikeln 63, 64, 65, 66 und 67.

(3) Die in diesem Übereinkommen vorgesehenen Vorrechte und Immunitäten gelten nicht für Familienmitglieder eines Wahlkonsularbeamten oder eines Bediensteten des Verwaltungs- oder technischen Personals, der in einer von einem Wahlkonsularbeamten geleiteten konsularischen Vertretung beschäftigt ist.

(4) Der Austausch von konsularischem Kuriergepäck zwischen zwei von Wahlkonsularbeamten geleiteten konsularischen Vertretungen in verschiedenen Staaten ist nur mit Zustimmung der beiden Empfangsstaaten zulässig.

Art. 59
Schutz der konsularischen Räumlichkeiten

Der Empfangsstaat trifft alle erforderlichen Maßnahmen, um die konsularischen Räumlichkeiten einer von einem Wahlkonsularbeamten geleiteten konsularischen Vertretung vor jedem Eindringen und jeder Beschädigung zu schützen und um zu verhindern, dass der Friede der konsularischen Vertretung gestört oder ihre Würde beeinträchtigt wird.

Art. 60
Befreiung der konsularischen Räumlichkeiten von der Besteuerung

(1) Die konsularischen Räumlichkeiten einer von einem Wahlkonsularbeamten geleiteten konsularischen Vertretung, die im Eigentum des Entsendestaats stehen oder von diesem gemietet oder gepachtet sind, genießen Befreiung von allen staatlichen, regionalen und kommunalen Steuern oder sonstigen Abgaben, soweit diese nicht als Vergütung für bestimmte Dienstleistungen erhoben werden.

(2) Die in Absatz 1 vorgesehene Steuerbefreiung gilt nicht für diese Steuern und sonstigen Abgaben, wenn sie nach den Gesetzen und sonstigen Rechtsvorschriften des Empfangsstaats

von einer Person zu entrichten sind, die mit dem Entsendestaat Verträge geschlossen hat.

Art. 61
Unverletzlichkeit der konsularischen Archive und Schriftstücke

Die konsularischen Archive und Schriftstücke einer von einem Wahlkonsularbeamten geleiteten konsularischen Vertretung sind jederzeit unverletzlich, wo immer sie sich befinden, sofern sie von anderen Papieren und Schriftstücken getrennt gehalten werden, insbesondere von der Privatkorrespondenz des Leiters der konsularischen Vertretung und seiner Mitarbeiter sowie von den Gegenständen, Büchern oder Schriftstücken, die sich auf ihren Beruf oder ihr Gewerbe beziehen.

Art. 62
Befreiung von Zöllen

Nach Maßgabe seiner geltenden Gesetze und sonstigen Rechtsvorschriften gestattet der Empfangsstaat die Einfuhr der nachstehend genannten Gegenstände, sofern sie für den amtlichen Gebrauch einer von einem Wahlkonsularbeamten geleiteten konsularischen Vertretung bestimmt sind, und befreit sie von allen Zöllen, Steuern und ähnlichen Abgaben mit Ausnahme von Gebühren für Einlagerung, Beförderung und ähnliche Dienstleistungen: Wappen, Flaggen, Schilder, Siegel und Stempel, Bücher, amtliche Drucksachen, Büromöbel, Büromaterial und ähnliche Gegenstände, die der konsularischen Vertretung vom Entsendestaat oder auf dessen Veranlassung geliefert werden.

Art. 63
Strafverfahren

Wird gegen einen Wahlkonsularbeamten ein Strafverfahren eingeleitet, so hat er vor den zuständigen Behörden zu erscheinen. Jedoch ist das Verfahren mit der ihm auf Grund seiner amtlichen Stellung gebührenden Rücksicht und, außer wenn der Betroffene festgenommen oder inhaftiert ist, in einer Weise zu führen, welche die Wahrnehmung der konsularischen Aufgaben möglichst wenig beeinträchtigt. Ist es notwendig geworden, einen Wahlkonsularbeamten in Untersuchungshaft zu nehmen, so ist das Verfahren gegen ihn in kürzester Zeit einzuleiten.

Art. 64
Schutz des Wahlkonsularbeamten

Der Empfangsstaat ist verpflichtet, dem Wahlkonsularbeamten den auf Grund seiner amtlichen Stellung etwa erforderlichen Schutz zu gewähren.

Art. 65
Befreiung von der Ausländermeldepflicht und der Aufenthaltsgenehmigung

Wahlkonsularbeamte mit Ausnahme derjenigen, die im Empfangsstaat einen freien Beruf oder eine gewerbliche Tätigkeit ausüben, welche auf persönlichen Gewinn gerichtet sind, genießen Befreiung von allen in den Gesetzen und sonstigen Rechtsvorschriften des Empfangsstaats vorgesehenen Verpflichtungen in Bezug auf die Ausländermeldepflicht und die Aufenthaltsgenehmigung.

Art. 66
Befreiung von der Besteuerung

Ein Wahlkonsularbeamter ist von allen Steuern und sonstigen Abgaben auf die Bezüge jeder Art befreit, die er vom Entsendestaat für die Wahrnehmung konsularischer Aufgaben erhält.

Art. 67
Befreiung von persönlichen Dienstleistungen und Auflagen

Der Empfangsstaat befreit die Wahlkonsularbeamten von allen persönlichen Dienstleistungen jeder Art und von militärischen Auflagen wie zum Beispiel Beschlagnahmen, Kontributionen und Einquartierungen.

Art. 68
Fakultativer Charakter der Institution des Wahlkonsularbeamten

Jeder Staat kann nach freiem Ermessen entscheiden, ob er Wahlkonsularbeamte bestellen oder empfangen will.

Kapitel IV
Allgemeine Bestimmungen

Art. 69
Konsularagenten, die nicht Leiter einer konsularischen Vertretung sind

(1) Jeder Staat kann nach freiem Ermessen entscheiden, ob er Konsularagenturen errichten oder zulassen will, denen Konsularagenten vorstehen, welche der Entsendestaat nicht zum Leiter der konsularischen Vertretung bestellt.

(2) Die Bedingungen, unter denen Konsularagenturen im Sinne von Absatz 1 ihre Tätigkeit ausüben können, und die Vorrechte und Immunitäten, welche die ihnen vorstehenden Konsularagenten genießen sollen, werden in gegenseitigem Einvernehmen zwischen dem Entsendestaat und dem Empfangsstaat festgesetzt.

Art. 70
Wahrnehmung konsularischer Aufgaben durch eine diplomatische Mission

(1) Dieses Übereinkommen gilt, soweit der Zusammenhang es erlaubt, auch für die Wahrnehmung konsularischer Aufgaben durch eine diplomatische Mission.

(2) Die Namen der Mitglieder einer diplomatischen Mission, die der Konsularabteilung zugeteilt oder sonst mit der Wahrnehmung der konsularischen Aufgaben der Mission beauftragt sind, werden dem Ministerium für Auswärtige Angelegenheiten des Empfangsstaats oder der von diesem Ministerium bezeichneten Behörde notifiziert.

(3) Bei der Wahrnehmung konsularischer Aufgaben kann sich die diplomatische Mission

a) an die örtlichen Behörden des Konsularbezirks sowie

b) an die Zentralbehörden des Empfangsstaats wenden, sofern letzteres auf Grund der Gesetze und sonstigen Rechtsvorschriften sowie der Übung des Empfangsstaats oder auf Grund entsprechender internationaler Übereinkünfte zulässig ist.

(4) Die Vorrechte und Immunitäten der in Absatz 2 bezeichneten Mitglieder der diplomatischen Mission richten sich auch weiterhin nach den Regeln des Völkerrechts über diplomatische Beziehungen.

Art. 71
Angehörige des Empfangsstaats und Personen, die dort ständig ansässig sind

(1) Soweit der Empfangsstaat nicht zusätzliche Erleichterungen, Vorrechte und Immunitäten gewährt, genießen Konsularbeamte, die Angehörigen des Empfangsstaats oder dort stän-

dig ansässig sind, lediglich Immunität von der Gerichtsbarkeit und persönliche Unverletzlichkeit wegen ihrer in Wahrnehmung ihrer Aufgaben vorgenommenen Amtshandlungen sowie das in Artikel 44 Absatz 3 vorgesehene Vorrecht. Hinsichtlich dieser Konsularbeamten ist der Empfangsstaat ferner durch die in Artikel 42 festgelegte Verpflichtung gebunden. Wird gegen einen solchen Konsularbeamten ein Strafverfahren eingeleitet, so ist dieses, außer wenn der Betroffene festgenommen oder inhaftiert ist, in einer Weise zu führen, welche die Wahrnehmung der konsularischen Aufgaben möglichst wenig beeinträchtigt.

(2) Anderen Mitgliedern der konsularischen Vertretung, die Angehörige des Empfangsstaats oder dort ständig ansässig sind, und ihren Familienmitgliedern sowie den Familienmitgliedern der in Absatz 1 bezeichneten Konsularbeamten stehen Erleichterungen, Vorrechte und Immunitäten nur in dem vom Empfangsstaat zugelassenen Umfang zu. Denjenigen Familienangehörigen von Mitgliedern der konsularischen Vertretung und denjenigen Mitgliedern des Privatpersonals, die Angehörige des Empfangsstaats oder dort ständig ansässig sind, stehen ebenfalls Erleichterungen, Vorrechte und Immunitäten nur in dem vom Empfangsstaat zugelassenen Umfang zu. Der Empfangsstaat darf jedoch seine Hoheitsgewalt über diese Personen nur so ausüben, dass er die Wahrnehmung der Aufgaben der konsularischen Vertretung nicht ungebührlich behindert.

Art. 72
Nichtdiskriminierung

(1) Bei der Anwendung dieses Übereinkommens unterlässt der Empfangsstaat jede diskriminierende Behandlung von Staaten.

(2) Es gilt jedoch nicht als Diskriminierung,

a) wenn der Empfangsstaat eine Bestimmung dieses Übereinkommens deshalb einschränkend anwendet, weil sie im Entsendestaat auf seine eigenen konsularischen Vertretungen einschränkend angewandt wird;

b) wenn Staaten auf Grund von Gewohnheit oder Vereinbarung einander eine günstigere Behandlung gewähren, als es nach diesem Übereinkommen erforderlich ist.

Art. 73
Verhältnis zwischen diesem Übereinkommen und anderen internationalen Übereinkünften

(1) Dieses Übereinkommen lässt andere internationale Übereinkünfte unberührt, die zwischen deren Vertragsstaaten in Kraft sind.

(2) Dieses Übereinkommen hindert Staaten nicht daran, internationale Übereinkünfte zu schließen, die seine Bestimmungen bestätigen, ergänzen, vervollständigen oder deren Geltungsbereich erweitern.

Kapitel V
Schlussbestimmungen

Art. 74
Unterzeichnung

Dieses Übereinkommen liegt für alle Mitgliedstaaten der Vereinten Nationen oder einer ihrer Sonderorganisationen, für Vertragsstaaten der Satzung des Internationalen Gerichtshofs und für jeden anderen Staat, den die Generalversammlung der Vereinten Nationen einlädt, Vertragspartei des Übereinkommens zu werden, wie folgt zur Unterzeichnung auf: bis zum

31. Oktober 1963 im Bundesministerium für Auswärtige Angelegenheiten der Republik Österreich und danach bis zum 31. März 1964 am Sitz der Vereinten Nationen in New York.

Art. 75
Ratifizierung

Dieses Übereinkommen bedarf der Ratifizierung. Die Ratifikationsurkunden sind beim Generalsekretär der Vereinten Nationen zu hinterlegen.

Art. 76
Beitritt

Dieses Übereinkommen liegt zum Beitritt für jeden Staat auf, der einer der in Artikel 74 bezeichneten vier Kategorien angehört. Die Beitrittsurkunden sind beim Generalsekretär der Vereinten Nationen zu hinterlegen.

Art. 77
In-Kraft-Treten

(1) Dieses Übereinkommen tritt am dreißigsten Tag nach Hinterlegung der zweiundzwanzigsten Ratifikations- oder Beitrittsurkunde beim Generalsekretär der Vereinten Nationen in Kraft.

(2) Für jeden Staat, der nach Hinterlegung der zweiundzwanzigsten Ratifikations- oder Beitrittsurkunde das Übereinkommen ratifiziert oder ihm beitritt, tritt es am dreißigsten Tag nach Hinterlegung seiner eigenen Ratifikations- oder Beitrittsurkunde in Kraft.

Art. 78
Notifikationen durch den Generalsekretär

Der Generalsekretär der Vereinten Nationen notifiziert allen Staaten, die einer der in Artikel 74 bezeichneten vier Kategorien angehören,

a) die Unterzeichnungen dieses Übereinkommens und die Hinterlegung der Ratifikations- oder Beitrittsurkunden gemäß den Artikeln 74, 75 und 76;

b) den Tag, an dem dieses Übereinkommen gemäß Artikel 77 in Kraft tritt.

Art. 79
Verbindliche Wortlaute

Die Urschrift dieses Übereinkommens, dessen chinesischer, englischer, französischer, russischer und spanischer Wortlaut gleichermaßen verbindlich ist, wird beim Generalsekretär der Vereinten Nationen hinterlegt; dieser übermittelt allen Staaten, die einer der in Artikel 74 bezeichneten vier Kategorien angehören, beglaubigte Abschriften.

ZU URKUND DESSEN haben die unterzeichneten, von ihren Regierungen hierzu gehörig befugten Bevollmächtigten dieses Übereinkommen unterschrieben.

GESCHEHEN zu Wien am 24. April 1963.

DIE DIPLOMATSISCHE IMMUNITÄT EINES HONORARKONSULS

Den Schutz bzw. die diplomatische Immunität eines Honorarkonsuls entnehmen Sie Artikel 58 des Wiener Übereinkommens über konsularische Beziehungen von 1963.

WELCHE STAATEN SIND ZUR VERGABE EINES HONORARKONSULS GEEIGNET

Diese Staaten ernennen Sie gerne zum Diplomaten, allerdings nur, wenn Sie von einer einflussreichen Unternehmensgruppe unterstützt werden und dieses Geld natürlich im entsprechenden Staat verbleibt. Außerdem wäre es ratsam, einen ortsansässigen Rechtsanwalt zu konsultieren und ihn mit der Aufgabe zu betrauen, die nötigen Arrangements zu treffen. Zu diesen Staaten gehören: Argentinien, Bolivien, Brasilien, Chile, Kolumbien, Costa Rica, Dominikanische Republik, Ecuador, El Salvador, Guatemala, Haiti, Honduras, Mexiko, Panama, Paraguay, Peru, Uruguay, Venezuela und die „neuen" Oststaaten.

Die hier angeführten Staaten sind bekannt dafür, dass sie für Geld alles verkaufen, auch Regierungsdokumente, Diplomaten-Pässe, Berufung zum Konsul usw. Sie können hier jede Art von Unterstützung anbringen. Vielleicht liefern Sie ja neue Autos für den Regierungspräsidenten, eine Computeranlage für das Rathaus oder Sie geben einfach nur Bargeld her. Es ist aber besser, wenn Sie einen ortsansässigen Rechtsanwalt kontaktieren, der für Sie ein „Bittschreiben" an den Regierungschef richtet.

Zu dieser Gruppe zählen: Bangladesch, Kamerun, Ghana, Guinea, Malawi, Niger, Senegal, Sierra Leone, Liberia, Sudan und Togo.

Diese Staaten gehören zu den ärmsten der Welt. Das Bruttosozialprodukt pro Kopf liegt bei weniger als 300 Dollar. Während für uns ein paar Tausend Dollar in Europa so gut wie gar nichts sind, ist das für diese Staaten ein Riesenvermögen. Alles was Sie tun müssen, ist, den Botschafter oder einen anderen Vertreter dieser Staaten zu konsultieren. Wenn es um größere Summen geht, sind diese Herren gerne bereit, mit Ihnen „Verkaufsgespräche" zu führen. Benin: Offiziell ist Benin ein marxistisch-leninistischer Staat. Allerdings hat das politische System – sofern man bei Diktatur, Brutalität und Korruption noch von System sprechen kann – sehr wenig mit den Ideen von Lenin oder Marx zu tun. Der

Kommunismus wird hier als das uneingeschränkte Recht des Herrschers interpretiert. Es wird das getan, was der Herrscher für richtig hält. Des Weiteren Myanmar: Myanmar ist ein sozialistischer Staat. Ideologien lassen sich immer besser verkaufen als Wahrheiten. Die Wahrheit ist, dass sich das ganze Geschäft auf dem schwarzen Markt – oder besser, auf freiem Markt – abspielt. Die festgesetzten Preise und Abgabemengen der sozialistischen Möchtegern-Führer werden hier genauso kontrolliert wie die Geschwindigkeitsregelungen auf bundesdeutschen Autobahnen. Äquatorial Guinea: Das jetzige Regime wird sicher froh darüber sein, einen Europäer oder US-Amerikaner zum Diplomaten berufen zu dürfen. Besonders, wenn es dafür die obigen Dollar als „Kostenersatz" gibt.

Diese Staaten sind zwar sehr seriös, aber extrem arm, und sie haben eine Reihe von unlösbaren Schwierigkeiten. Die Repräsentanten dieser Staaten werden Ihnen kaum irgendein Dokument verkaufen. Aber wenn Sie ihnen klar machen, dass Sie versuchen, ein Problem zu lösen oder aus der Welt zu schaffen (vielleicht durch Ihren Einfluss, vielleicht durch Ihr Geld), steht Ihrem Diplomaten-Status nichts mehr im Wege. Vor allem, wenn Sie mit internationalen Waren handeln, die für diese Staaten einen sehr hohen Stellenwert haben, z.B. Landmaschinen, Autos, Computer. Laden Sie doch einfach den Minister oder einen anderen hochrangigen Repräsentanten zum Essen ein und erklären Sie ihm, dass Sie den Staat finanziell oder mit der Lieferung von Waren unterstützen wollen. Wenn Sie denken, dass das äußerst kompliziert wäre und dass Sie diplomatisch oder gar mit deutscher Zurückhaltung vorgehen müssten, haben Sie sich geirrt. Sie werden sich wundern, wie offen und freimütig sich mit den Ministern und Repräsentanten verhandeln lässt.

Da diese Staaten nur eine begrenzte Repräsentation im Ausland haben und auch fernab von allen Wirtschaftszentren liegen, wird es Ihnen nicht schwer fallen, als Europäer einen Termin zu bekommen. Man wird froh sein, wieder etwas „Neues" von Ihnen zu hören. Zu diesen Staaten gehören: Cap Verde, Djibouti, Nepal, Sao Tome e Principe, (2 Inseln im Golf von Guinea, Hauptstadt: Sao Tome), Vanuatu, Eritrea und Äthiopien.

WELCHE STAATEN SIE AM BESTEN NICHT VERTRETEN SOLLTEN

Diese Staaten können Sie eigentlich gleich wieder vergessen, denn hier gibt es keinen Weg, das zu bekommen, was Sie wünschen. Zu dieser Gruppe gehören:

Afghanistan, Algerien, Angola, Bulgarien, Volksrepublik China, Kuba, Iran, Syrien, Libyen, Rumänien, Russland, Ukraine, Vietnam, Nordkorea und Zimbabwe.

Diese sind de jure unabhängige Staaten, und sie sind normalerweise auch offen für jede Art von Geschäften. Die „auswärtigen" Angelegenheiten werden jedoch von anderen Nationen übernommen. Es ist theoretisch zwar möglich, durch diese Staaten in den diplomatischen Status erhoben zu werden, aber in der Realität ist das eher ungewöhnlich. Zu diesen Staaten gehören: Andorra, Bhutan und Liechtenstein.

Diese de jure unabhängigen Staaten sind de facto sehr abhängig von anderen Staaten und deren Repräsentanten im Ausland. Es empfiehlt sich, die aktuelle politische Situation in den nachstehend angeführten Kleinstaaten näher zu untersuchen. Diese Staaten sind: Nauru, Palau, Mikronesien und die Marshall-Inseln.

Diese Staaten sind durchaus in der Lage, Ihnen den Diplomaten-Status, den Diplomatenpass oder ein Konsulat zu übertragen. Sie wären aber verrückt, diese zu beantragen, wenn Sie kein ergebener Moslem sind. Ferner sollte der Regierungschef des entsprechenden Staates zu Ihren persönlichen Freunden gehören. Nebenbei müssten Sie den Staat auch noch politisch und finanziell unterstützen. Wenn Sie all diese Punkte erfüllen können, dann sollten Sie die folgende Liste genauer betrachten: Bahrain, Ägypten, Kuwait, Malediven, Oman, Katar, Saudi-Arabien, Syrien, VAE, Jemen.

WELCHE VORAUSSETZUNGEN BENÖTIGE SIE FÜR DEN HONORARKONSUL

Wenn Sie Konsul werden wollen, sollten Sie zunächst einmal ein Land auswählen das Ihnen politisch angenehm ist. Sie müssen schließlich auch die Interessen dieses Staates vertreten.

Der zweite Schritt ist es herauszufinden welcher Staat noch keine Vertretung in Ihrer Stadt bzw. in Ihrem Bundesland hat. Jedes Bundesland kann nur jeweils eine Vertretung eines bestimmten Entsendestaates haben. Natürlich ist es einfacher, wenn Sie in der Provinz wohnen, die wirtschaftlich einiges hergibt.

Doch es gibt noch eine weitere Schwelle zu nehmen: das »Exequatur«. Genau wie die Botschaft, muss ein Konsul von dem Staat (Empfangsstaat), in dem er „sitzt", eine Erlaubnis organisieren. Denn ohne Zustimmung ist Ihr Konsulat wertlos.

Unabhängig davon sollten Sie auch über das notwendige Kleingeld verfügen um ein Honorarkonsulat und die damit verbundenen Verpflichtungen aufrecht erhalten zu können. Dazu ist es selbstverständlich, dass Sie ein repräsentatives Büro oder Villa für das Konsulat haben sollten sowie eine entsprechende Limousine Ihr eigen nennen, also somit am besten nicht in der Plattenbausiedlung hausen und einen Ford Transit vor der Türe geparkt haben sollten.

DAS EXEQUATUR

Doch das Exequatur wird Ihnen nicht geschenkt. Besonders in der Bundesrepublik sind die Behörden dazu übergegangen, die Bewerber genau zu prüfen. Der Kandidat muss einen Eid ablegen, dass er das Konsulat nicht gekauft hat. Dem Honorarkonsulat wird die Zulassung entzogen, wenn dem Auswärtigen Amt nachträglich bekannt wird, dass der Honorarkonsul oder eine dritte Person im Zusammenhang mit der Auswahl und/oder der Bestellung zum Honorarkonsul finanzielle oder Sachleistungen erbracht hat oder erbringt.

Stellen Sie den Antrag niemals selbst. Lassen Sie ihn vom ausstellenden Staat stellen. Zur Überprüfung:

- Sie dürfen keine Steuern hinterzogen haben.

- Ihre Geschäfte müssen absolut seriös sein. Was unter seriös zu verstehen ist, entscheidet das Auswärtige Amt.
- Denken Sie an alle Daten, die es über Sie geben könnte. Irgendwo ein Widerspruch oder ein schwarzer Fleck, vielleicht ein falscher Doktortitel. Vielleicht mal als Student auf einer Demo gewesen? Das ist schlecht.
- Wie sieht es mit Ihrem Beruf aus? Als Banker, Rechtsanwalt oder Unternehmer stehen Sie gut da, als Filmemacher eher weniger gut.

Nur wenn Sie in den obigen Punkten unangreifbar sind, haben Sie eine Chance, das Exequatur zu bekommen. Ansonsten lassen Sie lieber die Finger davon. Auch der kleinste Versuch kosten Sie Ihr Geld und Ihren guten Ruf.

Wählen Sie nun Ihr bevorzugtes Land aus und setzen Sie sich mit dem Botschafter in Verbindung.

DIE ERNENNUNGSURKUNDE

Auch hier sollten Sie höchste Vorsicht walten lassen! Dem Autor selbst wurden unendliche viele absolut wertlose Ernennungsurkunden vorgelegt, die meisten stammten aus Liberia. Hier gab es Ernennungen zum Consul, Consul General und sogar zum Ambassador at Large also einem sogenannten Sonderbotschafter. Alle Dokumente sind in dieser Hinsicht echt, da diese vom Außenminister und/oder Präsidenten original unterschrieben und ausgefertigt wurden und manchmal auch sogar direkt im Ministerium bzw. einer Botschaft oder Konsulat des Empfangsstaates ausgehändigt worden sind. Jedoch nützt Ihnen derartiges Papier nicht mal als Toilettenpapier wenn die Ernennung nicht auch vom Empfangsstaat anerkannt und mit einer anschließenden Bestätigung und Exequatur vom Empfangsstaat honoriert wird. In einem besonderem, dem Autor selbst bekannten Fall, wurde sogar gegen Aushändigung eines kleinen Gastgeschenkes (Rolex) sowie der Zahlung eines Business Class Tickets die Übergabe der Ernennungsurkunde im Außenministerium eines europäischen Empfangsstaates vorgenommen und diese sogar durch einem Abgesandten des Außenministeriums des Entsendestaates überbracht.

Hier werden die noch so kleinsten Zweifel an der Echtmäßigkeit der Dokumente und der Ernennung für den neuen Konsul ausgeräumt, wenn man zusammen im Außenministerium diese Unterlagen übergibt, -sollte man denken,- doch weit gefehlt! Der Trick liegt hier wiederum in der Tücke des Gesetzes was eben aber für den „Möchtegern Diplomat“ und den Laien nicht erkennbar und durchschaubar ist.

Der Trick liegt darin, dass die übergebenen Ernennungsdokumente durchaus alle echt und korrekt sind, diese müssen aber dann nach diesem formellen Akt und der Übergabe im Außenministerium durch den Entsendestaat, auch von diesem auf dem sogenannten „Diplomatischen Weg“ oder „Diplomatic Channel“ beim Außenministerium des Empfangsstaates eingehen. Dies bedeutet in der Praxis, dass die Ernennungsurkunde vom Außenministerium des Entsendestaates über dessen Botschaft im jeweiligen Empfangsstaat dem Außenministerium des Empfangsstaates mit diplomatischem Kurier zugestellt werden muss. Sollte dies nicht der Fall sein, ist Ihre Ernennung, auch wenn Sie persönlich vom Außenminister im Außenministerium des Empfangsstaates abgegebenen werden sollte, was in der Praxis NIE passieren wird, absolut wertlos, weil diese nicht auf dem „Diplomatischen Wege“ im Außenministerium des Empfangsstaates eingegangen ist und somit behandelt wird wie wenn diese dort NIE eingegangen wäre! Also war die ganze Aktion mit der persönlichen Überreichung zwar für Ihr Ego wichtig aber für die Ausstellung der Exequatur völlig sinnlos und wertlos! Achten Sie daher unbedingt darauf, im Falle Sie Ihr Konsulat durch eine „Sach-oder Geldspende“ erlangen wollen, dass Sie Ihre „Spende“ erst überreichen wenn Sie die Exequatur in den Händen halten und niemals etwas Spenden für die Ernennung! Die Ernennungsurkunde kann Ihnen jeder korrupte Beamte organisieren und vom Präsidenten oder Außenminister unterzeichnen lassen, die je nach Staat dies sogar gegen entsprechende Vorkasse gerne machen, weil diese Leute genau wissen, dass Ihre Ernennung niemals zu einer Exequatur führen wird und daher für die eigene Regierung unerheblich ist, der entsprechende Minister oder Präsident muss dies nicht mal seinem Parlament oder anderen offiziellen Stellen mitteilen, dass er Sie ernannt hat, weil er genau weiß, dass Sie „offiziell“ so und so nicht an Ihren Posten als Konsul kommen. Lassen Sie daher erhöhte Vorsicht walten, wenn bei Ihnen jemand schon für die Ernennungsurkunde abkassieren möchte!

DAS MÄRCHEN VON KONSUL WEYER GRAF VON YORCK

Die Vorteile eines Konsuls

Zunächst erhalten Sie erstklassige Handelsbeziehungen zu dem Land, das Sie zum Konsul ernennt. In der Praxis gibt es dann natürlich auch noch die gesellschaftlichen Vorteile. Consul H. H. Weyer (www.consulweyer.de) hat dies zusammen mit Joachim Hemmann, Richard Kerlerin in seinem leider vergriffenen Buch »Schwarz-Goldene Titelträger« recht anschaulich dargestellt. Ich zitiere:

„Als typisches Beispiel wird der Fall des Brotfabrikanten Emanuel B. geschildert. Der Gute ist vollkommen außer sich, als sich die Einweihung seines neuen Hauses als gesellschaftlicher Reinfall erwies. Kein VIP ist der Einladung gefolgt. Seine Laune bessert sich auch nicht, als er in den nächsten Tagen Direktionsbesprechung hat und erfährt, dass sich das Bauprojekt einer neuen und lebenswichtigen Warenverteilung nur realisieren lässt, wenn die Stadt der Firma ein ganz bestimmtes Grundstück überlässt. Leider bemühen sich die Brause-Werke auch um das gleiche Areal. Der Architekt meint, man müsse bei so großen Vorhaben zaubern können, indem man einschlägige Beziehungen spielen lässt. Deshalb hat der Brotfabrikant am nächsten Tag eine Unterredung mit einem Public-Relations-Experten. Der sagt ihm, dass es mehrere Möglichkeiten gäbe, um zu mehr Respekt und Ansehen in der Gesellschaft und in deren Folge auch zu Kontakten zu kommen, die ihm bei der Baugenehmigung des städtischen Grundstückes weiter helfen würden. Er könne z.B. einen größeren Scheck für einen Kinderhort stiften.

Der PR-Experte: „Den Scheck können Sie dem Bürgermeister übergeben. Dafür hole ich Presse und Fotografen. Anschließend laden Sie alle wichtigen Leute zu einem kalten Buffet ein. Die Leute werden dann mit Sicherheit kommen."

Doch der vorgesehene Scheckbetrag von einer halben Million für ein Zufallsspiel ist Emanuel B. zu hoch. Der PR-Experte mit den großen Verbindungen lächelt nur. Es gäbe auch noch andere Wege. Bei deren Auswahl komme es nur darauf an, ob B. nur das Projekt mit einem Erweiterungsbau durchpauken wolle oder ob B. Dauerkontakt zur lokalen Gesellschaft suche. Herr B. denkt an die Blamage der verschmähten Einladung: „Ich will beides, aber ich habe keine Lust, in diesem Kreis nur als neureicher Aufsteiger zu gelten."

„Also echte Würden, die niemand übersehen kann. Ich glaube, das ließe sich machen."

Der PR-Experte greift zum Telefonhörer: „Verbinden sie mich bitte mit Herrn Weyer in Feldafing."

Der Experte wirft dem Brotfabrikanten einen Blick zu:

„Hätten Sie Lust, Konsul zu werden?"

Es folgt ein Besuch bei Consul Weyer dem Großen, der damals Deutschland und seinen Staatsanwälten den Rücken zugewandt hatte. „Gut, Ihre Unterlagen habe ich. Zum Geschäftlichen wäre noch zu sagen, dass ich in Anbetracht der Eile wegen dieser Sache persönlich nach Südamerika fliegen muss. Die Spesen gehen zu Ihren Lasten."

Der Brotfabrikant nickt. – „Vielen Dank, dass Sie sich die Mühe machen wollen. Soll ich vielleicht lieber mitkommen, um mich vorzustellen?"

„Nein, lieber nicht. Solche Verhandlungen mit meinem Freund, dem Präsidenten, mache ich lieber alleine. Er und seine Regierung verlassen sich da ganz auf mich." – Weyer geht Richtung Schreibtisch. – „Das wäre es. Wenn Sie jetzt noch die Anzahlung hinterlegen ..."

„Ein Verrechnungsscheck?"

„Bargeld ist mir bei kleineren Beträgen lieber."

Fünf Wochen später gratuliert der PR-Mensch dem Brotfabrikanten zur Konsulernennung: „Hier ist die Urkunde, vom Staatspräsidenten und vom Außenminister unterschrieben."

Der Brotfabrikant betrachtet das großformatige Dokument ergriffen und liest zwischen dem spanischen Text immer wieder seinen Namen. Jetzt müsse man nur noch dafür sorgen, dass Emanuel B. auch das Exequatur erhalte. Das ist die offizielle Zustimmung des Landes, in dem der frischgebackene Konsul tätig wird. Am besten statte B. dem Protokollchef der Landesregierung einen Besuch ab, stelle sich als neu ernannter Konsul vor und bittet um möglichst baldige Weiterleitung nach Berlin. Dann gehe alles seinen Amtsweg. Er solle aber nichts darüber verlauten lassen, dass Geld im Spiel war. Wenn die Sache des Titelhandels auffliegt, wäre ihm das Exequatur versagt.

„Und wie bin ich dann zu den Ehren gekommen?" will der Brotfabrikant wissen.

„Niemand hat etwas dagegen einzuwenden, wenn Sie einem befreundeten Land einen Dienst erweisen, dort Persona grata wären und dieses Land deshalb in Ihrer Heimat konsularisch vertreten sollen."

Die weitere Strategie:

Emanuel B. soll dem Oberbürgermeister eine auf 200.000 EUR reduzierte Spende für die Gründung eines Kuratoriums-Kinderhort anbieten und auch dessen Vorsitz übernehmen. Gleichzeitig möge er das Stadtoberhaupt um Übernahme eines Protektorates bitten. Dies sollte auch die Staatskanzlei erfahren.

Der PR-Experte wird dann die Lokalpresse zusammentrommeln und dafür sorgen, dass diese Initiative gebührend belohnt wird. Erst einige Tage danach ist das Exequatur zu beantragen. Fünf Wochen später ist die Sache gelaufen und nach Ablauf weiterer zwei Monate kann das Auslieferungslager der Brotwerke seiner Bestimmung übergeben werden. Bei der Einweihung sind alle Geladenen vollständig erschienen – keiner sagte ab. Großfabrikant B. hat jetzt ein CC-Schild an seinem schwarzen Mercedes und die Leute haben großen Respekt vor ihm. Soweit der Bericht aus Weyers Buch.

Alles weitere hierzu lesen Sie am besten auf der Webseite des schönen Konsuls selbst:

www.consulweyer.de

WAS SIND DIE ALTERNATIVEN WENN ICH DIE ANFORDERUNGEN NICHT ERFÜLLE

Hierzu sollte erst einmal angemerkt werden, dass es nur in Deutschland derartige hohe Ansprüche an einen Honorarkonsul gibt bevor das Exequatur überhaupt vergeben wird. Andere Staaten sehen das wesentlich einfacher und lockerer. Es bleibt daher Ihnen überlassen sich einfach in Deutschland abzumelden und in einen anderen Staat zu ziehen der kein Problem damit hat

Ihnen das Exequatur zu erteilen. Besonders einfach sind Staaten wie Spanien und Portugal wenn Sie Honorarkonsul eines Südamerikanischen Staates werden wollen oder auch einfach gestaltet sich die Sache in den ehemaligen Oststaaten wie z.B. Ungarn, Polen, Tschechei, Slowakei usw. und besonders dann wenn Sie Honorarkonsul eines anderen Oststaates werden wollen.

Alternativ dazu haben Sie dann nur noch die Möglichkeit anstatt Konsul zu werden sich ganz normal bei einer entsprechenden Botschaft als Diplomat bzw. Attachè oder als anderer Mitarbeiter der Botschaft eintragen zu lassen (lesen Sie auch hierzu unser Kapitel Diplomatenpass).

Diese Variante ist für Ihre Immunität die absolut bessere, jedoch wird es dadurch erschwert, dass Sie als

Mitarbeiter der Botschaft unbedingt Staatsangehöriger des Entsendestaates sein sollten.

Dies würde bedeuten dass Sie bevor Sie den Schritt zum Diplomat machen können, zuerst einmal eine Zweitstaatsbürgerschaft beantragen müssen. Dies hat zur Folge, dass Sie in manchen Staaten wie Deutschland Ihre aktuelle Staatsbürgerschaft aufgeben müssten oder in der Hoffnung leben müssten, dass Ihnen niemand auf die Schliche kommt, dass Sie zwei Staatsbürgerschaften besitzen. Sollten sie Ihre aktuelle Staatsbürgerschaft nicht aufgeben wollen ist diese Variante nichts für Sie bzw. Sie sollten dann in einen Drittstaat Ihren Wohnsitz verlegen z.B. Spanien und dann dort mit Ihrer Zweitstaatsbürgerschaft die Mitarbeit in der Botschaft Ihres Entsendestaates beantragen. Aber auch dann ist die ganze Angelegenheit etwas wage. Sollten Sie sich für ein derartiges Vorgehen entscheiden ist es am besten Sie suchen sich ein geeignetes Land das Ihnen das Kompaktangebot komplett ermöglicht bzw. nehmen Sie sich Hilfe durch sogenannte Vermittler oder entsprechende Anwälte mit Regierungskontakten.

Sie sollten dann Ihrem Vermittler z.B. auf der Dominikanischen Republik oder in Paraguay am besten gleich vorab sagen was Sie vorhaben, so kann er Ihnen die Einbürgerung und die spätere Anstellung in einer geeigneten Botschaft gleichzeitig einfädeln. Allerdings dürfte die „Spende“ hier für derartige Wünsche, je nach Entsendestaat, bei einem Minimum von 250.000-500.000 Euro liegen.

KONTAKTE DES AUTORS

Durch langjährige Recherchen und durch seine geschäftliche Tätigkeit hat der Autor Verbindungen und direkte Kontakte zu den verschiedensten Botschaftern, Regierungsmitgliedern, Präsidenten, Parlamentsabgeordneten und Ministern weltweit hergestellt. Es ist dem Autor möglich diese Kontakte zu nutzen um Ihnen Ihren Einbürgerungs-Wunsch in einigen Staaten zu erfüllen. Der Autor weist jedoch ausdrücklich darauf hin, dass er hier nur unentgeltlich vermittelnd tätig wird und weder in die daraus zu resultierenden Geschäfte noch in die Abwicklung oder andere direkte Verbindungen und Handlungen selbst eingebaut werden möchte. Die einzige Aufgabe des Autors dabei ist Ihnen den direkten Kontakt zu entsprechenden Stellen und Personen zu ermöglichen bzw. herzustellen. Die entsprechenden Verhandlungen muss der Leser mit der Kontaktperson selbst führen ohne den Autor hierbei zu involvieren. Unter Beachtung dieser Vorgaben ist der Autor gerne bereit ernsthaften Interessenten mit Kapitalnachweis an entsprechende Stellen und Personen weiterzuvermitteln die Ihnen bei der Erlangung Ihres Wunsches behilflich sein können. Bitte richten Sie hierzu eine formlose Mail an den Autor unter: Dr.Goldmann@publicist.com

Dieses Angebot gilt sowohl für Zweitstaatsbürgerschaften wie auch für die Erlangung einer diplomatischen Position und eines Diplomaten-Passes bzw. die Ernennung zum Konsul, wie in den nachstehenden Kapiteln beschrieben. Die entsprechenden Länder-Liste zu denen Kontakt hergestellt werden kann müssten Sie beim Autor anfragen, da diese sich ständig ändert.

NACHWORT

Für Fragen und Anregungen zu diesem Werk steht Ihnen der Autor gerne per Mail zur Verfügung unter:

Dr.Goldmann@publicist.com

HAFTUNGSAUSCHLUSS

Der vorliegende Titel wurde mit großer Sorgfalt erstellt. Dennoch können Fehler nicht vollkommen ausgeschlossen werden. Der Autor übernimmt daher keine juristische Verantwortung und keinerlei Haftung für Schäden die aus der Benutzung dieses E-Books oder Teilen daraus entstehen. Insbesondere ist der Autor nicht verpflichtet, folge- oder mittelbare Schäden zu ersetzen.

Als Leserin und Leser dieses E-Books, möchten wir Sie ausdrücklich darauf hinweisen, dass keine Erfolgsgarantie oder Ähnliches gewährleistet werden kann.

Auch kann keinerlei Verantwortung für jegliche Art von Folgen, die Ihnen oder anderen Lesern im Zusammenhang mit dem Inhalt dieses E-Books entstehen, übernommen werden. Der Leser ist für die aus diesem E-Book resultierenden Ideen und Aktionen selbst verantwortlich. Gewerbliche Kennzeichen- und Schutzrechte bleiben von diesem Titel unberührt. Das Werk und alle Teile daraus sind urheberrechtlich geschützt. Alle Rechte, auch die der Übersetzung, des Nachdrucks und der Vervielfältigung dieses Titels oder Teilen daraus verbleiben beim Autor. Ohne die schriftliche Einwilligung des Autors darf kein Teil dieses Dokumentes in irgendeiner Form oder auf irgendeine elektronische oder

Zeitfracht Medien GmbH
Ferdinand-Jühlke-Straße 7
99095 Erfurt, Deutschland
produktsicherheit@kolibri360.de